C.H.BECK ■ **WISSEN**

in der Beck'schen Reihe

Das gängige Bild der Frühen Neuzeit in Deutschland ist geprägt vom unaufhaltsamen Niedergang des «Alten Reiches», das zugleich als Kontrastfolie den scheinbar ebenso unaufhaltsamen Aufstieg Preußens historisch legitimiert. Johannes Burkhardt zeigt in seinem Band, daß diese einseitige Sicht die Epoche der Frühen Neuzeit völlig unterschätzt. Insbesondere die sich herausbildende förderale Kompetenz gehört zu den grundlegenden Traditionslinien der deutschen Geschichte. Sie trifft zu Beginn der Neuzeit auf die Medienrevolution des Buchdrucks, mit der ein neues Informations- und Kommunikationszeitalter anbricht.

Johannes Burkhardt hatte von 1991 bis 2008 an der Universität Augsburg den Lehrstuhl für die Geschichte der Frühen Neuzeit inne und forscht am Institut für Europäische Kulturgeschichte.

Johannes Burkhardt

DEUTSCHE GESCHICHTE IN DER FRÜHEN NEUZEIT

Verlag C. H. Beck

Originalausgabe
© Verlag C. H. Beck oHG, München 2009
Satz: Fotosatz Reinhard Amann, Aichstetten
Druck und Bindung: Druckerei C. H. Beck, Nördlingen
Umschlagentwurf: Uwe Göbel, München
Printed in Germany
ISBN 978 3 406 56262 4

www.beck.de

Inhalt

Einleitung

Wer wissen will, was den Deutschen in ihrer Geschichte gelungen ist, sollte etwas über die Frühe Neuzeit wissen. Lange haben die drei Jahrhunderte zwischen den Jahren 1500 und 1800 keine gute Presse gehabt, und immer noch wird das Reich deutscher Nation als ein nur noch in unzähligen Einzelsouveränitäten zerfallenes Monstrum hingestellt. Eine Schauerlegende geht um von der deutschen «Kleinstaaterei», die willige Kartographen des 19. und 20. Jahrhunderts nachträglich als «buntscheckigen Flickenteppich» illustrierten.

Dieses Negativbild vom unaufhaltsamen Niedergang des «Alten Reiches» sollte als Kontrastfolie den unaufhaltsamen Aufstieg Preußens historisch legitimieren. Kein Experte kann das mehr so vertreten, aber in Zeitschriften- und Fernsehserien wie in lernunwilligen Kompendien zur deutschen Geschichte ist von der wissenschaftlichen Generalrevision des deutschen Geschichtsbildes noch nicht viel angekommen. Darum wird in diesem Buch oft das Gegenteil von dem zu lesen sein, was sich noch in anderen Geschichtsdarstellungen findet.

Während einige Bildungspolitiker auf dem Informationsstand von gestern dabei sind, diese fehlverstandene und völlig unterschätzte Epoche der deutschen Geschichte weiter an den Rand zu drängen, genießt die Frühe Neuzeit in der historischen Erinnerungskultur der Kommunen und Regionen bei großen Jubiläen und in historischen Ausstellungen faszinierten Zuspruch. Dabei kommen in dieser Epoche auch die guten Seiten der deutschen Geschichte zur Sprache. Wissenschaftlich wendet sich eine neue Generation von Historikerinnen und Historikern von den alten nationalen Großerzählungen oder herrschenden «Meistererzählungen» ab und den Lebens- und Verhaltensformen der Menschen zu. Aber falsch sind nicht Großerzählungen, sondern die falschen Großerzählungen. Den eindrucksvollen Einzelbemühungen um die deutsche Geschichte in der Frühen Neuzeit fehlt es an der Erkenntnis ihres inneren Zusammenhanges und einer klaren Leitperspektive.

Hier ist sie. Die politische Kernkompetenz der deutschen Geschichte ist ihre Föderalismusfähigkeit. Föderalismus ist jedoch gerade nicht dasselbe wie Partikularismus, der dabei oft abwertend und wie selbstverständlich unterstellt wird. Der Begriff des Föderalismus zielt vielmehr im Wortsinne (foedus = Bund) auf das Bundesprinzip, das mit Krisen und Wandlungen unsere nationale Geschichte in ihrem ganzen Verlauf bis in die Gegenwart bestimmt. Daß eine föderale Organisationsform auch Probleme bereitet, ist bekannt, aber diese Darstellung wird zeigen, daß ihr auch die Vorzüge deutscher Geschichte in ihren gelungenen Abschnitten wie ein vergleichsweise hohes Maß an Rechtssicherheit, Friedensfähigkeit und Partizipation entspringen.

Warum sich diese föderale Kompetenz gerade in Mitteleuropa so nachhaltig ausgebildet hat und dann zur deutschen Tradition wurde, läßt sich aus den Startbedingungen des Heiligen Römischen Reiches erklären. Auf der einen Seite war hier das Erbe des Römischen Reiches mit dem universal gedachten Kaisertum an die Deutschen gekommen und legitimierte früh einen nach Italien und Europa ausgreifenden Oberherrschaftsanspruch. Gerade der aber erwies sich als zu groß für eine administrative Durchdringung von oben unter den vormodernen Möglichkeiten. Eben dies gab auf der anderen Seite den regionalen Gewalten viel Raum, die den Verwaltungsausbau in vielerlei Gestalt und verschiedenen Schüben zu Hause selbst übernahmen. Fürsten und Bischöfe, einige Grafen und Herren sowie Reichsäbte und Reichsstädte standen zu Beginn der Neuzeit an der Schwelle zur je eigenen Landesherrschaft. Aber um allein auf sich gestellt zu existieren, waren sie doch zu beschränkt, und so sieht man sie zu ihrer Sicherung Bündnisse und Einungen schließen und schließlich die Reichsgewalt selbst gemeinsam mitorganisieren.

Zwar galt das Reich weiter als Monarchie und Lehensreich, aber diese Hoheit des Reichsoberhaupts, die nicht nur zeremoniell bis an sein Ende Bestand hatte, wurde früh relativiert und ergänzt. Schon 1356 war das Reich deutscher Nation mit der

Goldenen Bulle endgültig als Wahlmonarchie festgeschrieben worden. Bis an sein Ende wurde nach diesem später viel kommentierten Grundgesetz das Reichsoberhaupt von den zunächst sieben Kurfürsten gewählt – den drei rheinischen Erzbischöfen von Mainz, Trier und Köln und den vier weltlichen Wahlfürsten, dem König von Böhmen sowie den Landesherren von Pfalz, Sachsen und Brandenburg, ergänzt um Bayern (1623/48) und Braunschweig-Hannover (1692) –, und zwar erstaunlich modern nach dem einfachen Mehrheitswahlrecht, dessen Ergebnis für alle verbindlich war. Zur Vermeidung einer wunderbaren Kurfürstenvermehrung durch Erbteilung wurde das Erstgeburtsrecht (Primogenitur) in den Kurlanden festgeschrieben, was ihre nun schwer teilbaren Landesherrschaften stabilisierte und später von anderen nachgeahmt wurde. Auf der anderen Seite aber begannen diese «Kaisermacher» nun auch selbst als eigenes Gremium korporativ mitzuregieren und wurden so zur ersten Institution einer föderal organisierten Gesamtstaatlichkeit, der mit Beginn der Neuzeit weitere folgten.

Hierarchien und Dynastien, Mächtige und Mindermächtige geben dem Reich exotischen Reiz und spielten kräftig in der Politik mit, aber darüber sollte man nicht die tragenden Bauformen des politischen Systems mit Zukunft übersehen. Im ganzen ursprünglich zu groß, im einzelnen zu klein, gelang es dem Reich deutscher Nation früh, einen einzigartigen dritten Weg politischer Organisation zu finden: den Staatsaufbau auf zwei Ebenen. Dabei darf die gesamtstaatliche Ebene nicht allein dem Kaiser zugeschrieben und die Reichsstände ihm gegenübergestellt werden. Vielmehr liegt das Erfolgsgeheimnis des deutschen Föderalismus darin, daß die Landesstaaten und Bünde die gesamtstaatliche Ebene selbst mittrugen und institutionell ausgestalteten. Dafür blieb freilich noch fast alles zu tun, aber das Ausbauprogramm wurde am Ende des Mittelalters klar erkennbar.

Diese föderalistische Tradition und Programmatik der ganzen deutschen Geschichte aber traf nun zu Beginn der Neuzeit auf deren epochale Innovation: die Medienrevolution und ihre Folgen. Was in der Neuzeit neu war und seit wann, hat in der historischen Periodisierungsdiskussion unterschiedliche Antworten gefunden. Die Renaissance und Reformation sind um 1500 passende Epochenzäsuren, aber sie waren in ihrem Selbstverständnis auf die Wiederherstellung der alten Welt ausgerichtet. Der mit der Kolumbusfahrt nach Amerika von 1492 angesetzte Beginn der europäischen Expansion und die Vorformen kapitalistischen Wirtschaftens erscheinen im Zeichen späterer Globalisierung modern, hatten aber noch keineswegs eine dominante Stellung gegenüber anderen Lebensbereichen. All das sind zu Recht diskutierte Kriterien, aber die Basisinnovation ist die mit der Erfindung des Buchdrucks um 1450 anlaufende Medienrevolution. Ohne eine massenhafte Herstellung identischer Texte durch die Druckmedien wäre von allem anderen nicht viel wirksam, ja bekannt geworden. Zusammen mit dem fast gleichzeitig errichteten Postsystem des beschleunigten und organisierten Nachrichtentransportes und einem Verschriftlichungsschub brach damit ein neues Informations- und Kommunikationszeitalter an, mit spektakulären Folgen in ganz Europa, zuerst aber in Deutschland.

I. Die Reichsreform – ein Langzeitprojekt für einen deutschen Bundesstaat

1. Die föderale Organisation des Landfriedens
Die Reichsreform zu Beginn der Neuzeit ist die erfolgreichste Reform der deutschen Geschichte. Im ganzen Reich deutscher Nation wurde 1495 ein Ewiger Landfriede verkündet, der die Friedenswahrung in seinem Inneren zur absoluten Rechtsnorm erhob und sie auch in erstaunlichem Umfang durchsetzte. Und gleich drei grundlegende Verfassungsinstitutionen wurden in wenigen Jahren errichtet, die 300 Jahre Bestand hatten: der Reichstag, ein Reichsgericht und die Reichskreise. Neue Reichsämter wurden eingeführt, die Steuer- und Verwaltungsgrundlagen gelegt und eine schon hochkomplexe föderale Ordnung begründet. Nie zuvor und nie danach wurde ein so dauerhaftes politisches System auf den Weg gebracht wie auf dem großen Reformreichstag zu Worms im Jahre

1495. Mit übertreibender, aber erhellender Ironie ist das Reich deutscher Nation sogar einmal als die «Wormser Republik» betitelt worden, die zweifellos in dieser Beziehung besser gelungen wäre als die Weimarer, eine Republik im engeren Sinne aber denn doch nicht war. In der Tat wurden all die Erfolge entsprechend den föderalen Reichstraditionen von föderalen Kräften föderal organisiert. Wie war das unter einem Monarchen möglich?

Als Reichsoberhaupt verantwortlich waren Maximilian I. (reg. 1493–1519) und sein Enkel Karl V. (reg. 1519–1556) aus dem Hause Habsburg. Beide waren starke Herrscherpersönlichkeiten, aber das engere Reich deutscher Nation war nur Teil ihres europäischen Herrschaftsanspruchs. Gestützt auf ihre dynastische Herkunft und vor allem die Kaiserstellung beanspruchten sie die Spitzenstellung in der damaligen Welt, dem Reich der Römer und Karls des Großen, ja der Christenheit. Durch eine erfolgreiche Heiratspolitik des österreichischen Geschlechts, mit der Maximilian den Fuß nach Italien setzte, das reiche Burgund mit den Niederlanden gewann, sein Nachfolger dann noch Spanien, Böhmen und halb Ungarn, war die Herrschaft über Europa bereits zum Greifen nahe. Wenig begeistert davon war der Papst als Herr des Kirchenstaates und traditioneller Konkurrent des Kaisers um die Spitzenstellung in der Christenheit. Von der hergebrachten Kaiserkrönung in Rom wollte er darum nichts wissen. Darum plante Maximilian, sich gleich selbst zum Papst wählen zu lassen, um auch den anderen universalistischen Titel zu holen. Papst wurde er nicht, aber der gewählte König galt als designierter Kaiser und ließ sich 1508 in Trient zum «erwählten Kaiser» proklamieren. Auch Karl V. griff erfolgreich nach dem Kaisertum, um Herrscher Europas und der damals zählenden Welt zu werden (monarchia universalis), wie ihm sein Chefideologe Gattinara geraten hatte, trotz all der deutschen und europäischen Probleme, die dies dem Universalmonarchen bringen würde. Der unterlegene Kandidat Franz I. von Frankreich aber wollte dasselbe und hat allein in vier Revanchekriegen (1521–1544, 1525 Schlacht von Pavia, 1544 Friede von Crépy) die Kaiserpolitik außerhalb Deutschlands beschäftigt. In dieser Situation begann das Reich deutscher Nation sich selbst zu organisieren. Nicht ohne den Kaiser, ohne dessen Zustimmung nichts Rechtskraft erlangen konnte, und der im Gegenzug für Unterstützungsleistungen des Reiches kooperationsbereit war, aber doch initiiert und getragen von den Reichsständen. Der Mann der ersten Stunde war Berthold von Henneberg (1441–1504), ein studierter und in kaiserlichen Diensten politisch erfahrener Herr aus den fränkisch-thüringischen Grafschaften dieses Namens, der 1484 zum Erzbischof von Mainz und damit Kurfürsten gewählt wurde, der ranghöchsten Position unter den Reichsständen. Was der Reichsreformer genau wollte, ob er als Ständeführer gegenüber dem Kaiser, als Anwalt des Kurfürstenkollegs oder seiner eigenen Stellung agierte, ob er um des Reiches oder des ungeschützten Mainz willen für den Frieden warb, ja ob er überhaupt ein Reichsreformer war, darüber läßt sich trefflich streiten, weil keine programmatischen Quellen überliefert sind. Entscheidend aber wurde die Amtsstellung des Mainzer Erzbischofs und Kurfürsten, der stets zugleich der Erzkanzler des Reiches deutscher Nation war. Der Mann der ersten Stunde gab diesem Erzkanzleramt so viel Profil, daß die neuere Reichsforschung seine verfassungsmäßige Bedeutung mit der griffigen Formel «der zweite Mann im Reich» (P. C. Hartmann) nahezubringen versucht. Vor allem aber war Henneberg als Kanzler für die Schriftführung des Reiches zuständig, begann die Reichskanzlei wie auch seine eigene institutionelle Stellung auszubauen und gewann so buchstäblich die Federführung im Reformprozeß, den er gerade unter Vermittlung all dieser Interessen umsichtig zum Erfolg führte. So wurde er qua Amt zum Federführer des frühen deutschen Föderalismus. Denn das nicht überlieferte föderale Programm ergibt sich aus der geradezu verblüffenden Logik und Konsequenz des Reformverlaufs und seiner verschriftlichten Ergebnisse.

Die größte Leistung der Reichsreform war die Herstellung des inneren Friedens im ganzen Reich. Der Ewige Landfriede war nicht die erste Bemühung um den Frieden im Lande, aber erstmals war keinerlei Ausnahme mehr zulässig. Die Friedenspflicht galt für alle, überall und zu allen Zeiten. Niemand durfte «den andern bevechden, bekriegen, berauben, vahen, überziehen, belegern» oder seine Burgen, Städte und Dörfer «mit gewaltiger tat frevenlich einnemen». Wer fortan dagegen verstieß, beging Landfriedensbruch und machte sich strafbar. Die Fehde, in bestimmten Formen und Grenzen die legitime Form gewaltsamer adliger Selbsthilfe, war damit abgeschafft und ein staatliches Gewaltmonopol errichtet, das den werdenden europäischen Staaten im Laufe der Frühen Neuzeit im Inneren den Frieden brachte. Wer aber war in Deutschland der Staat?

Der Kaiser hat den Ewigen Landfrieden verkündet; gebraucht, gefordert und ausgehandelt aber wurde er von den Reichsständen. Die Landfriedensbewegung, regionale Friedenseinungen und reichsständische Bünde hatten vorgearbeitet und wurden zur Durchsetzung, Unterstützung und als föderative Krisenfeuerwehr auch weiter benötigt. Auszuhandeln war diese grundlegende Rechtsetzung nicht nur mit dem Kaiser, sondern auch untereinander zwischen den Reichsständen, die um des allgemeinen Friedens willen ja selbst auf ihr Fehderecht verzichten mußten. Es ist eine weltgeschichtliche Besonderheit, daß das Gewaltmonopol des Staates nicht einfach von einer oberen Instanz auferlegt wurde, sondern von regionalen Gewalten gemeinsam für den Gesamtstaat organisiert wurde.

2. Die neuen Institutionen: Reichstag und Reichsgerichtsbarkeit

Das gelang 1495 auf dem Reichstag zu Worms. Diese Reichsversammlung gilt als der erste wirkliche Reichstag überhaupt. Lange schon hat es königliche Hoftage mit wechselnden Fürsten gegeben, auch Zusammenkünfte einzelner Ständegruppen wie Kurfürsten oder Reichsstädte und auch schon ständeübergreifende «königslose Tage». Das waren alles noch keine Reichstage, aber wichtige Vorformen, die in Worms nun gleichsam synchronisiert wurden. Erstmals kamen hier alle Ständegruppen zusammen, berieten nebeneinander, glichen ihre Voten miteinander aus und legten sie dem Reichsoberhaupt vor: das schon institutionalisierte Kurfürstenkolleg, der vielköpfige Fürstenrat aller anderen geistlichen oder weltlichen Landesherren und besseren Herrschaften und der Städterat. Damit war unter der Leitung Bertholds von Henneberg, der dadurch als Vorsit-

zender des Kurfürstenkollegs auch zum Direktor des Reichstags
wurde, die grundlegende Organisationsform gefunden, die mit
einigen Optimierungen bis an das Ende des Reichs die Geschäfts-
ordnung bestimmte. Nach der langen Tagungsdauer von mehr
als einem halben Jahr hatte sich der gut besuchte erfolgreiche
Reichstag, der zum Modell für eine ganze Reihe bald folgender
wurde (u. a. in Worms 1497, 1509, 1520 und 1521, in Augsburg
1500, 1510 und 1518), als die maßgebliche Instanz für die Ge-
samtsteuerung des föderalen Reiches etabliert.

Neben der großen Sache des Landfriedens stand auf der Agenda
der ersten Reichstage das Steuerwesen. Der «Gemeine Pfennig»,
eine von allen Reichsbewohnern zu entrichtende Steuer, blieb ein
Experiment, das immerhin den halben erwarteten Ertrag brachte;
daß aber Pfarrämter als Finanzämter dienstverpflichtet wurden,
konnte keine Dauerlösung sein. Die Direktbesteuerung aller
Reichsangehörigen über den Kopf der Landesherren hinweg war
für die damalige Zeit ein zentralistischer Mißgriff, der durch ein
systemgerechtes föderales Steuerwesen ersetzt wurde: die Umlage
unter den Reichsständen, an der sie dann als Landesherren ihre
Untertanen selbst beteiligen konnten. Dazu wurden die an Reitern und Fußtruppen zu leistenden Beiträge für den Romzug des
Kaisers in Geldablösung je Monat umgerechnet und dem Kaiser
von Fall zu Fall als «Römermonate» vom Reichstag bewilligt.
Das hatte einen Nebeneffekt, der wiederum der föderalen Institutionalisierung des Reichstags zugute kam. Die Reichsmatrikel,
eigentlich Steuerlisten, normierten den Kreis der immer wieder
einzuladenden Reichsstände. Wer Reichsstand war, mußte zahlen, aber wer zahlte, bewies sich damit auch als Reichsstand.
Nach einem sukzessiven Verfestigungsprozeß wurde die Reichsmatrikel von 1521 die Rechtsgrundlage für alle Reichsstände, die
Sitz und Stimme auf den Reichstagen hatten. Mehr und mehr entwickelte sich das Gremium zu einer Institution mit festem Teil-
nehmerkreis, band die Stimme fest an ein Land, und das Mainzer
Direktorium kontrollierte die Zugangsberechtigung. Eine ständige Steuer wollte man nicht, denn ohne sie behielten die Reichsstände gegenüber dem Kaiser die Steuerhoheit.

Erfolg haben konnte der Ewige Landfrieden mit einer Instanz, die Zuwiderhandlungen verurteilte und Rechtssicherheit schuf. Wenn Gewalt verboten wurde, brauchte es eine friedliche Möglichkeit des Konfliktaustrags. Die Reichsstände müssen das sofort erkannt haben und übernahmen des Kaisers höchste Gerichtsbarkeit in eigene Regie. Für des «Kaisers und des Reichs Kammergericht» überließen die Reichsstände dem Kaiser die Bestellung des offiziellen Kammerrichters, sorgten aber mit der Stellung von einem guten Dutzend Richtern für eine effektive, professionelle und alle Regionen einbeziehende höchste Gerichtsbarkeit im Reich. An zunächst wechselnden Orten verhandelnd, erhielt das Gericht ab 1527 in Speyer, ab 1690 in Wetzlar einen festen, stets vom Kaiserhof getrennten Sitz. Vor allem aber ließen sich die Reichsstände ihr Gericht auch etwas kosten. Diese einzigen permanenten Reichssteuern waren die Kammerzieler, die an zwei Terminen («Zielen») im Frühjahr und Herbst erhoben wurden.

Die erste und wichtigste Aufgabe des reichsständischen Gerichts war die Zurückdrängung des Landfriedensbruchs, was bereits im Laufe des 16. Jahrhunderts gelang, und der Austrag von Streitigkeiten zwischen Reichsständen. Darüber hinaus konnten sich alle Reichsangehörigen an das Gericht wenden, auch Bauern gegen ihre Herren, oder es fungierte als Berufungsinstanz, soweit nicht schon eine mehrstufige Landesgerichtsbarkeit eingerichtet wurde und dafür Privilegien erteilt wurden (privilegia de non appellando). Hinter dieser föderalen Rechtsinitiative wollte der Kaiser nun aber nicht zurückstehen und baute sein eigenes Beratergremium, den Reichshofrat, ebenfalls zum Gerichtshof aus. Auch am obersten Kaisergericht aber waren hervorragende Juristen aus dem ganzen Reich tätig, suchten Reichsstände aus allen Regionen Recht und erteilte der Kaiser Kommissionsaufträge an Reichsfürsten, zwischen entfernten regionalen Konfliktparteien die Verhandlungen zu führen. Das stärker ständische Reichskammergericht und der stärker kaiserliche Reichshofrat konnten wahlweise angerufen werden und kamen sich dann nicht ins Gehege. Die höchste Reichsgerichtsbarkeit ließ die regionalen Kräfte zu ihrem Recht kommen, stand im Austausch mit den Landesgerichten und garantierte doch Rechtseinheit und ein hohes Maß an Rechtssicherheit im ganzen Reich.

3. Um die Reichsexekutive: Reichsregiment, Reichskreise und Reichsoberhaupt Wer aber sollte das alles ausführen und praktisch umsetzen? Wo blieb die Exekutive? Ein interessantes Experiment war das Reichsregiment, ein Versuch des Erzkanzlers, mit Hilfe von repräsentativen Reichsständen aus verschiedenen Regionen und Rängen unter seiner Führung eine Reichsregierung zu installieren (1500). Dieses geradezu republikanische Staatsexperiment leuchtete dem Kaiser verständlicherweise wenig ein, war andererseits auch den föderalen Reichsständen als Dauerlösung zu zentralistisch und wurde schnell wieder abgebrochen (1502) und nur für die Zeit der Abwesenheit des Kaisers in veränderter Form noch einmal praktiziert (Zweites Reichsregiment 1521–1530). Dabei aber war eine ganz andere Lösung der Exekutive entstanden, die viel besser ins föderale System paßte und zur dritten Erfolgsinstitution wurde: die Reichskreise.

Das ganze Reich wurde in sechs, dann zehn Organisationseinheiten eingeteilt, die nach deutschen Landschaftsnamen bezeichnet wurden und sie tradierten: Der «vielherrige» Schwäbische Reichskreis (100 Reichsstände!), der Fränkische und der Bayerische Reichskreis, ein Niedersächsischer und ein Obersächsischer Reichskreis (mit Kursachsen, aber auch Kurbrandenburg!), ein Nieder-, Ober- und ein eigener Kurrheinischer Reichskreis sowie zur «Einkreisung» auch der kaiserlichen Erblande ein Österreichischer und anfangs noch ein Burgundischer Reichskreis. Gebildet wurden sie eigentlich für eine regional gerechte Zusammensetzung des Reichsregiments sowie des Reichskammergerichts, und folgerichtig übernahmen sie schließlich selbst die Exekutive der erloschenen Institution und sorgten für die Vollziehung von Gerichtsurteilen und die Umsetzung von Reichstagsbeschlüssen in systemgerecht föderalen Formen. Sowohl als vollziehende Gewalt im Auftrag der Reichsinstitutionen als auch in Selbstverwaltung institutionalisierten sich die Reichskreise als regionale Garanten von Friede und Recht, hielten jeweils Kreistage ab (z. B. in Nürnberg der Fränkische, in Ulm der Schwäbische Kreis) und bildeten Kreisämter und -milizen aus («Kreisausschreibender Fürst», Kreisdirektor, Kreishauptmann,

Kanzleipersonal). Mit der abschließenden Reichsexekutionsordnung von 1555 wurde die föderal ansetzende Friedens- und Sicherheitspolitik noch eine Potenz weiter getrieben: Bei besonderer Bedrohung sollten mehrere Kreise zusammenarbeiten und sich (bis zu sechs) zusammenschließen. Mit dieser geradezu bundesstaatlichen Ausbauperspektive etablierten sich die Reichskreise als föderale Institution, hatten hoheitliche Funktionen und übernahmen Münzaufsicht und andere staatliche Verwaltungsaufgaben.

Neben den Reichskreisen, die eine Art Scharnier zwischen Gesamtreich und Landesherrschaften bildeten, sorgten auch diese beiden staatlichen Ebenen selbst für die Ausführung von Beschlüssen. Denn natürlich setzte auch der Kaiser die Beschlüsse um, die der Reichstag oft auf seinen Antrag beschlossen hatte – mit eigenen Kräften, mit Reichshilfen oder mit Hilfe von Reichsfürsten, die er mit der Exekution beauftragte – und umgekehrt bauten zwar die größeren Landesstaaten wie Kursachsen oder Bayern zu dieser Zeit ihre eigenen Residenzen, Regierungen, Gerichte und Verwaltungen auf und hatten für ihre Innenpolitik viel Gestaltungsfreiheit. Aber sie waren zugleich Reichsstände und hielten sich an ihre eigenen gemeinsam gefaßten Beschlüsse und Gesetze. Große Rechtskodifikationen des Reiches zum Strafrecht wie die unter Karl V. erlassene «Peinliche Gerichtsordnung» (Constitutio Criminalis) Carolina (1532) oder die Reichspoliceyordnungen (1530, 1548 und 1577) wirkten als Rahmengesetzgebung, die in Landespoliceyordnungen an die örtlichen Verhältnisse angepaßt wurden. Die vom Wort Politik abgeleitete «gute Policey» eines Staates, die noch nicht wie unsere «Polizei» auf den Sicherheitsbereich verengt war, konnte den ganzen Bereich der Innenpolitik und Administration abdecken und alle Lebensbereiche vom Gottesdienstbesuch bis zu den Warenpreisen regeln und kontrollieren. Das Reich hatte sehr wohl eine Exekutive!

Woran die Reichsreform jedoch noch nachbessern mußte, war die Position des Reichsoberhauptes. Der Status des Reiches als Wahlmonarchie war die Grundlage und bot den Kurfürsten die Möglichkeit, auch Universalmonarchen darauf zu verpflichten, wie sie im Reich regieren sollten, wenn sie gewählt werden woll-

ten. So mußte erstmals Karl V. auf dem Wege zur Herrschaft
über Europa 1519 für Deutschland eine Wahlkapitulation einge-
hen, eine von der kursächsischen Kanzlei entworfene Aufstellung, in der er Punkt für Punkt (= capitulatio) versprach, was
er im Reich tun wollte und was nicht. Friede, Recht und Einig-
keit im Inneren zu wahren, die deutsche Nation nach außen
zu schützen, aber keine Angriffskriege zu führen, versprach der
künftige Kaiser. Reichstagseinberufungen, Steuern, Krieg, eigentlich alles, was von Bedeutung war, sollte nicht ohne Zustimmung der Kurfürsten als der «vordersten Glieder» oder auch aller Stände des Reiches geschehen, insbesondere sollte «fremdes
Kriegsvolk» auf deutschem Boden genehmigungspflichtig sein,
die Minister aus der reichskundigen deutschen Führungselite
ausgewählt werden und innerhalb des Reiches deutscher Nation
nur Deutsch oder Latein als kaiserliche Amtssprache zulässig
sein. Diese erste Wahlkapitulation war ersichtlich von der Sorge
um die Autonomie des eigenen, frisch reformierten politischen
Systems in Karls europäischem Reich angestoßen und suchte die
deutsche Herrscherposition von der universalen zu lösen. Karl V.
hat sich – auch angesichts vieler gar nicht vorhersehbarer Probleme der Reformationszeit – nicht immer daran gehalten, die
meisten seiner Nachfolger aber schon.

Alle Kaiser der Frühen Neuzeit nämlich hatten nun nach diesem Modell eine erneuerte und erweiterte Wahlkapitulation
einzugehen. Das war halb eine mit den Kurfürsten ausgehandelte Regierungserklärung, halb ein sich den Erfahrungen und
wandelnden Verhältnissen anpassendes «Verfassungsnotat»
(G. Lottes). Unter Mitwirkung des Reichstags ist diese Wahl-
verschreibung schließlich zu einer ständigen Wahlkapitulation
von nachhaltigem Verfassungsrang vervollkommnet worden
(Capitulatio perpetua 1711). Zugleich wurde die Beteiligung
Roms an Wahl und Krönung zurückgedrängt (Erwählter Kaiser
1508, Krönung Karls V. durch den Papst nur noch in Bologna
1530), schließlich auch die Kaiserkrönung in eigene Regie genommen und gleich am gesetzlichen Wahlort Frankfurt von den
geistlichen Kurfürsten vollzogen. «Römischer König» wurde
der Titel für den Nachfolger, der schon zu Lebzeiten des Kaisers

(vivente imperatore) gewählt werden konnte und als künftiger Kaiser bereitstand. Der Kaiserbruder Erzherzog Ferdinand (1531 Römischer König, 1556 Kaiser) lieferte das Modell, das künftig die Amtskontinuität des Reichsoberhaupts sicherte.

Damit war auch die Kaiserstellung in die reformierte Reichsverfassung eingebunden. Das heißt nicht, daß nicht auch die Majestät des Kaisers herausgestellt wurde, Herrschernimbus, Amtscharisma und eine allgemeine Kaiserverehrung im Reich wirksam waren und in den symbolischen Formen des Zeremoniells – z. B. bei Belehnungen von Fürsten am Rande des Reichstags – ihren Ausdruck fanden. Im Reichssystem war der Kaiser so das personalisierte Symbol der Einheit und die symbolisch handelnde Instanz – aber nur im Bunde mit den ebenfalls den Gesamtstaat repräsentierenden Instanzen. Die Kurfürsten waren auf den Kaiserhumpen in den Rathäusern unübersehbar mitabgebildet, und nicht der Kaiser, sondern die gesamtstaatliche Institution bekam mit der anfangs häufigsten Namensformel «Heiliges Reich» das in sakralen Zeiten höchste Prädikat. Als gewähltes oberstes Reichsorgan und Inhaber eines konstitutionell eingebundenen und national begrenzten Amtes aber konnte sich das Kaisertum neu positionieren. Jede Wahl, auch wenn sie immer wieder auf Habsburger fiel, erforderte Verhandlungsbereitschaft, wobei allein die Möglichkeit einer Alternative genügte, die Dynastie auf dem verfassungsmäßigen Wege zu halten. Nicht einmal Abdanken konnte der Kaiser autokratisch, wie Karl V. am Ende seiner Regierung erfahren mußte. Denn die Kurfürsten betrachteten das Kaisertum nun als «reichisches Staatsamt» (H. Neuhaus) und mußten für den unerwarteten Fall eines Rücktritts vom Kaisertum erst eine Verfahrensregelung entwickeln. Von der Staatsform her gesehen war das Reich nicht nur eine Wahlmonarchie, sondern seit der Reichsreform schält sich, wenn das auch noch lange niemand so ausgedrückt hätte, aus den hergebrachten und zeitbedingten Formen bereits eine konstitutionelle, ja parlamentarische Monarchie heraus, in der noch nicht demokratische, aber föderale Kräfte verfassungsmäßige Grenzen zogen und mitregierten.

4. Die gedruckte Reform Fragt man sich, wie ein solcher Reformprozeß gerade zu dieser Zeit in Gang kommen und zu einem so nachhaltigen Erfolg geführt werden konnte, so stößt man auf die Rolle der Druckmedien. Die zunehmende Verschriftlichung der Verhandlungsführung, die Protokollierung und Berichterstattung, vergrößerte den Kommunikationsraum und sicherte die Ergebnisse. Seit 1495 wurden die Beschlüsse der Reichstage in ausgeformten Reichsabschieden schriftlich festgehalten. Schon bei diesem Reichstag kamen aber auch die Vervielfältigungsleistungen des Druckes zum Einsatz: Nur die Kurfürsten erhielten handgeschriebene Einladungen, die anderen Reichsstände bekamen einfach gedruckte Einladungsbriefe mit Lücken für den Namen des Empfängers, ein früher Fall von Formulardruckerei, deren Verteilung Nürnberger Boten zu übernehmen hatten. Selbst ein großer Teil des administrativen Begleitschrifttums der Reichstage wurde seit 1495 bereits im Druck festgehalten und verbreitet, Teilnehmerlisten, Steuerausschreibungen und -verzeichnisse und sogar Formulare für Mahnverfahren.

Vor allem aber der Ewige Landfriede selbst wurde bereits mehrfach von privilegierten Reichsdruckereien in Worms und Köln veröffentlicht und damit unaufkündbar, während die im einzelnen noch nicht recht praktikablen Ausführungsbestimmungen in der «Handhabung Friedens und Rechts» wirkungslos in Archiven verschwanden. Die Ordnungen des Gerichtswesens, bald auch die Reichstagsabschiede wurden im Druck verbreitet, zunehmend auch mit werbewirksamen Gestaltungsmitteln aufgemacht. Schon früh wurden diese rechts- und verfassungsrelevanten Regelungen in eigenen Sammelbänden griffig gebündelt. So haben die Druckmedien die Reichsreform gefördert: durch ihre mehr Partizipation erlaubende Organisationshilfe, durch die Verbreitung der Beschlüsse und die Speicherung und Abrufbarkeit der Ergebnisse, die zweifellos dazu beitrug, die Errungenschaften der Reichsreform nicht mehr rücknehmbar zu machen. Ihre eigentliche, ganz große und noch weiterreichende Leistung aber haben die Druckmedien nicht auf diesem politisch-administrativen Felde erbracht, sondern auf einem ganz anderen.

II. Die Reformation – Religion als Medienereignis

1. Die frühneuzeitliche Medienrevolution und ihre Krise Niemand wollte zu Beginn der Neuzeit etwas Neues. Nicht die Reichsreformer, die den Frieden mit den überlieferten Gewalten organisieren wollten und darüber Organisationsformen mit Zukunft begründeten. Nicht die Renaissancekünstler und Humanisten, die an der «Wiedergeburt» (rinascimento) der antiken Künste, der Restaurierung der lateinischen Textkultur oder der – in der ‹Germania› des Tacitus entdeckten – alten «deutschen» Tugenden ansetzten. Und auch nicht die Reformatoren, die nun in Sachen Religion mit dem Blick zurück auftraten. Was als neu galt, hatte schon verloren – es sei denn auf dem Felde von Medien und Kommunikation. Das Medium selbst, der sogenannte Buchdruck, wurde als «neue erfindungsreiche Kunst zu schreiben» (ars nova ingeniosa scribendi) allgemein begrüßt. Die «multiplicatio librorum», die Herstellung und Vervielfältigung identischer Texte in großer Stückzahl, erschien geradezu als ein Wunder. In einer Zeit, die sich als statisch, niedergehend oder allenfalls als die gute alte Zeit wiederbringend begriff, waren die Druckmedien die erste Neuerung, die als solche wahrgenommen und doch positiv bewertet wurde. Die Forschung sieht denn auch in dieser mechanischen Massenfertigung identischer Güter eine «zutiefst unmittelalterliche Produktionsweise» (P. Moraw). Daß sie so früh gerade auf dem Feld der Information gelang, wurde für die deutsche und europäische Geschichte bestimmend.

Die neue Kunst des Setzens und Druckens wurde oft als «deutsche Kunst» bezeichnet. In der Tat war es eine Erfindung, die um 1450 Johannes Gutenberg in Mainz gelang, zusammen mit Partnern wie dem Schreibmeister Peter Schöffer und dem Kapitalgeber Johannes Fust sowie 20 Mitarbeitern, die das Verfahren mit einer großen erhaltenen «Gutenbergbibel» um- und durchsetzten. Entlang von Rhein und Main breitete sich das neue Reproduktionsverfahren schnell in den deutschen Städtelandschaften aus; noch in der nächsten Generation um 1500 lag die Hälfte aller Druckorte im Reich. Förderlich für Aufkommen und Durchsetzung der neuen Informationstechnologie gerade in Mitteleuropa waren einerseits die Freiräume des gegliederten politischen Systems und andererseits die entwickelte Infrastruktur der Schreiber und Schreibmeister sowie des papier- und metallverarbeitenden Gewerbes in den Städten. Bis heute erinnert die Vielzahl der deutschen Druckorte an die Anfänge. Die «deutsche» Kunst wurde schnell auch in den Haupt- und Universitätsstädten Italiens, Frankreichs und Englands übernommen und ist so zu einem nationalen Beitrag zur europäischen Informationskultur geworden.

Die Textreproduktion mit beweglichen Lettern war eine hochkomplexe Spitzentechnologie. Die Zerlegung der Kopiertätigkeit in viele serielle Einzelschritte mit mechanisch-maschinellen Elementen war kapitalintensiv und konnte sich nur in hoher Stückzahl lohnen. Es wurde von Anfang an für den überregionalen Markt gedruckt, und es bildete sich schnell ein leistungsfähiges Vertriebssystem heraus. Für das 15. Jahrhundert, gleichsam der Kindheit der darum auch Inkunabeln (lat. incunabula = Windel, Wiege) genannten frühesten Drucke, rechnet die Forschung bereits mit 30 000 Druckausgaben mit Stückzahlen von je einigen hundert. Aber am Ende des Jahrhunderts sanken die Produktionszahlen – in der Druckerstadt Augsburg auf nahezu Null – und gingen Druckwerkstätten unter. Verstärkt durch gesamtwirtschaftliche Probleme war das Druckgewerbe in eine Absatz- und Existenzkrise geraten.

Denn für die aufwendige Technologie bestand doch recht beschränkter Bedarf. Die Lesefähigkeit von etwa 10 % der Bevölkerung setzte von vornherein Grenzen, und die Zielgruppen für das bisherige Druckprogramm waren klein. Ein großer Teil diente der Deckung des religiös-liturgischen Textbedarfs von Klerikern und Ordensleuten. Ein vielversprechendes Umfeld bot die literarische Kultur des Humanismus, eine an klassischen lateinischen Texten ansetzende Bildungsbewegung. Es war die humanistische Orientierung an der Antike, die mit Klassikerausgaben und Übersetzungen das Druckprogramm bestimmte. Bei dieser Transferleistung von Werken des Aristoteles, Livius, Cäsar und Tacitus vom skriptographischen ins typographische Medium entwickelten die humanistischen «Software-Ingenieure» (M. Giesecke) zum Teil bis heute gültige Ordnungsstandards der literarischen Kultur vom Autorennamen und Titelblatt bis zu Typenkonventionen. Die damals für lateinische Texte eingeführte Antiqua begründete die heute internationale Normaltype, während die für deutsche Texte besser geeigneten deutschen Druckschriften (Fraktur, Schwabacher) sich lange hielten, aber im Jahre 1941 (!) von Staats wegen abgeschafft wurden. Von kleineren Gelegenheitsschriften abgesehen, schrieb man noch kaum für den Druck, sondern druckte das, was man immer wieder abgeschrieben hatte. Das Druckprogramm gründete so noch auf dem Bestand geistlicher und weltlicher Titel, der bereits handschriftlich vorhanden war. Aber das war für eine nachhaltige Durchsetzung des Mediums zu wenig. Was sollte man bei zunehmender Marktsättigung noch drucken? In der Absatzkrise um 1500 hätte die aufwendige Spitzentechnologie durchaus noch als einer der Irrwege der Erfindergeschichte enden können. Es brauchte ein Medienereignis, um die Krise zu überwinden.

2. Medienereignis Luther – die sieben Stationen der Reformationsgeschichte Die Reformation hätte ohne die Druckmedien nicht stattfinden können, aber sie hat auch umgekehrt das Druckmedium aus einer Existenzkrise befreit. In der Druckerstadt Augsburg sprang in den Reformationsjahren 1517–1525 die Zahl der jährlich produzierten Titel fast von der Nullinie schlagartig auf 300 Titel, und das war das sechsfache des Höchststandes im 15. Jahrhundert. Das waren nun jedoch keine Nachdrucke alter Texte mehr, sondern neu verfaßte, die einen aktuellen Informationsbedarf deckten. Diesem Zweck dienten Flugschriften, ein nachträglich so genanntes, wenige Seiten und Bögen umfassendes Tagesschrifttum, das auch Meinungen, auf jeden Fall aber aktuelle Informationen transportierte. 95 % der in diesen Jahren erschienenen Flugschriften behandelten Fragen der Religion. Eine einzigartige Spitzenstellung unter allen Erfolgsautoren nahm Martin Luther ein, der allein doppelt so oft gedruckt wurde wie die nächsten 20 meistgedruckten Reformatoren zusammengenommen. Jahr für Jahr sorgte er für Medienereignisse, deren Abfolge sich in sieben Stationen festhalten läßt.

Zur *ersten* Station druckgestützter Reformationsgeschichte wurden im Jahre 1517 Luthers 95 Thesen gegen die Ablaßpraxis. Um schnell aus dem Fegfeuer zu kommen – einem von menschenfreundlichen mittelalterlichen Theologen zur Entlastung von der schroffen Alternative zwischen Himmel und Hölle eingeführten «dritten Ort» nach dem Tode –, galten gute Werke als hilfreich. Dazu gehörten neben Pilgerreisen, kirchlichen und sozialen Stiftungen speziell vom Papst ausgeschriebene Ablässe für Geldsammlungen zum Kirchenbau, für die Ablaßbriefe als Spendenquittungen ausgegeben wurden. Auch deutsche Kirchen und Landesverwaltungen bekamen Anteile; für die diesmal begünstigte Peterskirche in Rom übernahm das Augsburger Handels- und Bankhaus der Fugger die ordnungsgemäße Abwicklung und Überweisungen. Als Professor für Altes und Neues Testament an der Reformuniversität Wittenberg, der mit existentiellem Einsatz an der Erneuerung einer biblisch-paulinischen Theologie arbeitete, stellte Luther jedoch diese marktschreierisch beworbene Form der Heilsvorsorge in 95 Thesen in Frage und schickte sie an die zuständigen Bischöfe. Daß er sie selbst an die Schloßkirche zu Wittenberg angeschlagen habe, gilt mittlerweile als Legende – Luther selbst gab stets andere Darstellungen, und erst nach seinem Tod hat Melanchthon das nach bloßem Hörensagen hinzugefügt –, aber richtig bleibt daran, daß die gleichsam als schwarzes Brett herbeizitierte Kirchentür als veranschaulichendes Symbol für die Publizität der Thesen in die Geschichte eingegangen ist. Denn kurz darauf erschienen sie im Druck, lateinisch, deutsch, immer wieder und mit Erläuterungen. Schon der Ablaßstreit begann publizistisch, und so ging es weiter.

Die *zweite* Station war 1518 die Augsburger Anhörung Luthers durch Kardinal Cajetan. Ein Ketzerprozeß war bereits angelaufen, aber kurz vor der Kaiserwahl nahm Rom politische Rücksicht auf die Lutherschutzpolitik Friedrichs des Weisen und seines Ratgebers Spalatin in der vergeblichen Hoffnung, einen übermächtigen Habsburger zu verhindern. Der Kardinal berief sich auf die römische Lehrautorität, Professor Luther auf Konzilien als die höchste entscheidungsbefugte Kirchenversammlung und den Wortlaut der Bibel. Vorsichtshalber mitten in der Nacht abgereist und wieder zurück in Wittenberg, tat Luther etwas Unerhörtes: Er veröffentlichte den ganzen Vorgang. Diese ‹Acta Augustana› verbreiteten die Sicht seiner Partei im Druck.

Als *dritte* Station folgte 1519 die Leipziger Disputation. Der unschlüssige Herzog Georg von Sachsen von der anderen, albertinischen Linie des sächsischen Herrschergeschlechts der Wettiner ließ an seiner Universität Leipzig den Ingolstädter Theologieprofessor Eck gegen die Wittenberger Theologen Karlstadt und dann Luther selbst antreten. Eck argumentierte mit gutem Gedächtnis und gewaltiger Stimme, Luther mit Hilfe eigens mitgebrachter Bücher. Eck galt als Sieger und ließ es einige brieflich wissen – er hatte Luthers Berufung auf die Konzile widerlegt und eine Nähe zum als Ketzer verbrannten Jan Hus aufgezeigt, und das an der Leipziger Universität, die einst als Zufluchtsort der deutschen Studenten vor den Prager Hussiten entstanden war. Luther blieb nur die Autorität der Bibel – und die Wittenberger Hauspresse, mit deren Hilfe er doch als Sieger dastand.

In der *vierten* Station wurde 1520 einerseits durch die Papstbulle und andererseits durch die großen Reformationsschriften die Trennung zwischen Rom und Wittenberg schwarz auf weiß vollzogen. Die Bannandrohungsbulle beantworteten Luther und seine Studenten mit der Verbrennung von Werken zum römischen Kirchenrecht – doch auch die Berichterstattung darüber wurde gleich wieder gedruckt. «Ecks Bulle», die niemand drukken wollte, publizierte Luther gar selbst, um sie zu desavouieren. Drei große Reformationsschriften entfalteten gewaltige Wirkung und Nachwirkung: «An den christlichen Adel deutscher Nation» suchte die politischen Gewalten gegen römische Oberhoheitsansprüche, Lehrzuständigkeiten und Konzilsverweigerung zu mobilisieren und wurde zur populärsten Erfolgsschrift der Reformationszeit. «De captivitate Babylonica Ecclesiae» übertrug die «babylonische Gefangenschaft» der Juden auf die römische der Christen und dekonstruierte an Hand der Bibel

fast den ganzen mittelalterlichen Kirchen- und Sakramentsbe-
griff. «Von der Freiheit eines Christenmenschen» war eine dia-
lektisch in weltlichen Dingen Gehorsam einfordernde Schrift,
die aber oft so verstanden wurde, als ob die Titelformel auch
politisch umgesetzt werden sollte.

Die *fünfte* Station war die große Wormser Szene von 1521:
Luther verweigert den Widerruf seiner Lehre vor Kaiser und
Reich! Eigentlich hatten die Reichsstände, statt dem römischen
Bann die Reichsacht folgen zu lassen, mit Luther zusammen
nach einem Ausweg gesucht. Nach dem Bericht des geschockten
päpstlichen Nuntius wurde der «Erzketzer» bei der Anreise bejubelt, während sich die «Mienen verfinsterten», wenn die
Deutschen nur «Rom» hörten. Verhandlungsmasse während des
Reichstags war ein aufgetürmter Bücherberg – ob Luther davon
das eine oder andere vielleicht gar nicht geschrieben haben wolle
oder zurücknehmen könne? Aber der kaum kompromißfähige
Reformator wollte gar keine diplomatisch ausgehandelte Lösung, sondern eine Sachdiskussion und ließ sich als Maßstab auf
nichts als sein Gewissen, allenfalls bibelkonforme Konzilien und
letztlich nur die Bibel selbst ein, so daß die Verhandlungen schei-
terten. Kaiser Karls V. Wormser Edikt verhängte die Acht über
Luther und seine Werke und weitete sich gleich zum generellen
Zensuredikt. Doch das nützte wenig. Das Wormser Edikt wurde
gedruckt, aber wie zur Falsifikation ebenfalls die Verweigerung
des Widerrufs. «Hier stehe ich, ich kann nicht anders» – auch
diese Bekennerformel der deutschen Erinnerungskultur ging, ob
so gesagt oder nicht, auf eine Wittenberger Druckversion der
Rede zurück.

Die *sechste* Station von legendärem Rang wurde die anschlie-
ßende «Entführung» Luthers auf die Wartburg. Um das kaiserliche Edikt nicht vollziehen zu müssen, es aber auch nicht gleich
offen zu mißachten, arrangierte Kurfürst Friedrich der Weise auf
Luthers Heimweg gleichsam einen freundlichen Überfall und
ließ sein berühmtestes Landeskind auf der geschichtsträchtigen
Burganlage im Thüringer Wald internieren. Zur Sicherung und
Wahrung des Incognito bekam Luther für den monatelangen
Aufenthalt bis ins Jahr 1522 sogar eine neue Identität als «Rit-

ter Jörg». Im Exil fand Luther Muße zu weiteren Schriften und begann schon mit der Übersetzung der Bibel, die das populäre Bewußtsein ganz auf diesen Erinnerungsort legt. Aber zur Regulierung von reformatorischen Unruhen wurde Luther schnell wieder in Wittenberg gebraucht, und jetzt lüfteten «Bildreporter» der Reformationszeit nachträglich das Geheimnis und zeigten einen Luther mit Ritterbart. Das war gleichsam das Zwischenglied der Cranach-Werkstatt, die zuvor einen charismatischen Augustiner unter die Leute gebracht hatte und später einen akademisch gewandten Bibelgelehrten präsentierte.

Die *siebte* Station von eigenem Rang war die Bibelübersetzung. Es war auch die folgerichtige Endstation, denn nachdem Luther Jahr für Jahr alle anderen geistlichen Autoritäten – Papsttum, Amtskirche, Kirchenlehrer und Konzilien – sukzessive zur Seite geschoben hatte, war es nur logisch, nun das eigentliche Argument in einer für ihn authentischen und allen zugänglichen Form bereitzustellen. Der Bibeldruck war die mediale Konsequenz aus der Alleinstellung des Schriftprinzips (*sola scriptura*) im lutherischen Religionssystem. Zur Sicherung der Authentizität ging der Übersetzer auf die griechischen und hebräischen Ursprachen des Textes zurück, so daß die ganze deutsche Bibel mit dem Alten Testament erst 1532 vorgelegt werden konnte. Luther übersetzte jedoch zuerst das für seine Glaubens- und Gnadenlehre (*sola fide, sola gratia*) relevante Neue Testament und brachte es bereits zur Herbstmesse 1522 heraus. Der Verkaufserfolg der in Paralleldrucken auf 9000 Exemplare gesteigerten Erstauflage war ungeheuer, Nachauflagen in hohen Stückzahlen wurden nötig, gefolgt von einem Dutzend Nachdrucken allein im Jahre 1523. Das bereits damals in Wittenberg «Lutherbibel» genannte Werk erreichte mit 300 Ausgaben zu Lebzeiten des Übersetzers und etwa einer Million Exemplaren im 16. Jahrhundert eine ganz einzigartige Stellung auf dem Buchmarkt. Das ist um so erstaunlicher, als seit der Gutenbergbibel eigentlich kein Mangel an gedruckten Bibeln bestand, lateinischen wie deutschen, und man den Markt für ein solches Großwerk für gesättigt hätte halten können. Der Preis von anderthalb Gulden war verglichen mit älteren Prachtdrucken bis zu 20 Gulden günstig, aber entscheidend war die völlig veränderte Bedarfs- und Nachfragesituation auf dem Gipfel des Flugschriftenbergs und am Ende der Reformationsstationen.

3. Das freigeschaltete Evangelium und die reformatorische Öffentlichkeit In zweierlei Weise hatten die Medien diese Reformationsstationen begleitet und vorangetrieben. Zum einen fügte sich die serielle Berichterstattung zu einer ganzen Reportage aus der Perspektive des Helden zusammen. Zum andern war auch das, was geschah, eine papierhaltige Geschichte um Thesen, Bullen, Edikte und Bücher – und nun war die Reihe beim eigentlich in Rede stehenden «Buch der Bücher» selbst angelangt. Jahrelang war um dieses Buch gestritten worden, jetzt lag es in der authentischen Form überprüfbar vor – wer wollte es da nicht wissen? 1522/23 wurde die neue Nachfrage bewältigt, das folgenreiche Jahr 1524 wurde zum Lektürejahr der deutschen Geschichte.

Denn nun rückte die Bibel ins Zentrum der reformatorischen Öffentlichkeit. Die Entstehung von gesellschaftlicher Öffentlichkeit, die seit Jürgen Habermas vor allem im 18. Jahrhundert gesucht wurde, ist zu Recht auf die «reformatorische Öffentlichkeit» (R. Wohlfeil) zurückdatiert worden. Die Kommunikationsmedien bedurften allerdings im 16. Jahrhundert noch stärker der nichtliterarischen Ergänzung. Visuell verdeutlichten neben Flugschriften als Flugblätter bezeichnete Einblattdrucke in Bild-Text-Kombinationen die reformatorischen Positionen oder polemisierten satirisch gegen Papsttum und theologische Gegner. Daneben sind die mündlichen Kommunikationswege durch reisende Ordensleute, Studenten und Gespräche in kommunalen Kommunikationsräumen, vor allem jedoch die reformatorischen Predigten nicht zu unterschätzen. Es war ein zweistufiger Kommunikationsprozeß, in dem die Druckmedien die einheitliche überregionale Agenda setzten, die aber dann von Predigern und anderen Multiplikatoren mündlich verbreitet und variiert wurde. Dieser druckgestützten, aber multimedialen Öffentlichkeit trugen auch Illustrationen in Lutherbibeln Rechnung.

Nachhaltiger wirkte aber der deutsche Bibeltext selbst. Die Bedeutung für die deutsche Spracheinheit und Sprachentwicklung ist oft betont worden und war hoch, aber ein Drittel der Lutherbibeln mußte noch in niederdeutscher Subübersetzung gedruckt werden, und andererseits wurden alle politischen Verlautbarungen im ganzen Reich ebenfalls hochdeutsch verschriftlicht, oft auch gedruckt. Einzigartig war Luthers geniale Übersetzungsleistung, die gerade nicht trocken literarisch war, sondern mit dem rhetorischen Schwung einer sprechbaren Sprache sofort alle anderen Bibeln vom Markt fegte. Wirksam wurde hier in der Situation des Medienwechsels, daß die Vorzüge der alten Kommunikationsmittel der Bildlichkeit und Mündlichkeit in das effektivere der Druckmedien eingebracht werden konnten.

Die freigegebene Bibel versetzte die reformatorische Öffentlichkeit nicht zuletzt in eine aufregende Kommunikationssituation. So wie in der Öffentlichkeit der Aufklärung die Vernunft, welche Folgerungen auch immer aus ihr gezogen werden sollten, die letztgültige Legitimation wurde, so in der reformatorischen Öffentlichkeit die göttliche Offenbarung. Nach dieser Medientheologie war die Bibel nicht ein gedrucktes Buch über Gott, sondern sprach Gott durch das Buch ohne Umweg und Vermittlung zu den Menschen. Ausdruck dieser theologischen Bedeutungserhöhung der Bibel wurde nun die Bezeichnung «Evangelium», ein die «gute Botschaft» bezeichnendes Fachwort aus dem Griechischen, das seit den 1520er Jahren mit Zusätzen wie «reines», «lauteres», «unverfälschtes» Evangelium geradezu zum Modewort des Jahrhunderts aufstieg. Bald suchten auch andere nach den «guten Nachrichten» im Evangelium und gingen dabei über Luthers sich stärker auf den geistlichen Bereich einschränkendes Programm hinaus. Nach der ‹Freischaltung› der Bibel begann die reformatorische Öffentlichkeit, die gesellschaftlichen Verhältnisse an ihr zu messen – mit ungeahnten Folgen.

4. Der Bauernkrieg – die erste druckgestützte Massenbewegung Im Jahre 1525 ergriff in Deutschland eine Massenbewegung etwa 100 000 Menschen, die sich in teils bewaffneten Großgruppen versammelten. Entsprechend den in der Mehrzahl ländlichen Teilnehmern und Forderungen wurde das Ereignis als Bauernkrieg überliefert. Gegen diese Lesart sah die hier erinnerungswürdig bleibende marxistische Geschichtsschreibung den Höhepunkt einer «frühbürgerlichen Revolution», aus der Perspektive der bürgerlichen Revolution von 1848 (Friedrich Engels). Gemeint war eine feudalkritische Stoßrichtung von Reformation und Bauernkrieg im Interesse der später nachfolgenden bürgerlichen Gesellschaftsformation, aber das öffnete auch den Blick für weitere Trägergruppen. Einen erfolgreichen dritten Weg schildert Peter Blickle mit dem Begriff des «Gemeinen Mannes», eine zeitgenössische Bezeichnung, die auf Stadt- und Landbevölkerung anwendbar ist. Die ökonomischen Interessen der Stadtbürger waren jedoch mit denen der ländlichen Bevölkerung kaum vereinbar, und bei den Bauern sieht die Forschung Unterschichten, Bessergestellte, wie auch Deklassierte. Nur die gemeinsame Berufung auf das Evangelium vermag die überregionale und teils überständische Bewegung und ihren Zeitpunkt zu erklären. Bauernaufstände zuvor und danach beriefen sich auf das regionale «alte Recht», seit der Bundschuhbewegung aber ebenso auf die «göttliche Gerechtigkeit», aber die konnte sich erst mit dem Bibeldruck breitenwirksam konkretisieren. Unmittelbar vorangegangen waren reformatorische Unruhen in den Städten und der Ritterkrieg des Franz von Sickingen gegen den kurfürstlichen «Pfaffen», den Erzbischof von Trier. Aber nun, am Ende des biblischen Lektürejahres mit einem schnell weit über Luther hinausgehenden Flugschriftendiskurs von immer mehr Autoren, begann Ende 1524 die große Massenbewegung.

Nach einem Vorspiel am Oberrhein griff die Erhebung 1525 auf vier Hauptschauplätze über. In *Oberschwaben* bildeten sich drei Formationen – der Bodensee-, der Allgäuer und der Baltringer «Haufen» an der Donau, die in Memmingen eine «Christliche Vereinigung» mit einem reformatorisch-bauernrechtlichen Programm in 12 Artikeln und einer Bundesordnung schlossen. In *Franken* gelang es den Bauern, sogar waffenkundige Reichsritter wie Götz von Berlichingen in Dienst zu nehmen, und hier brachte der verwaltungserfahrene Wendel Hipler eine Art Bauernparlament in Heilbronn auf den Weg, einer von unten ansetzenden politischen Reichsreform. In *Thüringen* entstand unter theologischer Beratung von Thomas Müntzer, der die Bibel als Aufforderung zur Errichtung des Reichs Gottes las, eine radikalere Richtung; auch Bergknappen beteiligten sich hier. In *Tirol* erzwang die von Michael Gaismaier klug geführte Erhebung den Erlaß einer Landesordnung, die den Landständen mehr Mitsprache ermöglichte.

Gemeinsam war diesen regional verschiedenen Akzentuierungen der Rückbezug auf Reformation und Bibel, und erst dadurch entstand eine einheitliche Bewegung. Die Memminger Zwölf Artikel nahmen das auf und beriefen sich in der kurzen Einleitung neunmal auf das Evangelium und erboten sich, sofort von allem abzustehen, wenn es ihm nicht entspräche. Alle Forderungen von der freien Pfarrerwahl über die christenunwürdigen Formen von Unfreiheit und Leibeigenschaft bis zur Minderung von Lasten und Diensten wurden Artikel für Artikel mit Bibelstellen am Rande belegt. Neben den freiheitsverheißenden und besitzkritischen Evangelien war es insbesondere die in ersten Lieferungen des Alten Testaments bereits nachlesbare Schöpfungsordnung einer freien Natur und gleicher Menschen, mit der die bestehende Gesellschafts- und Bodenordnung – durchaus differenziert – in Frage gestellt wurde. Diese zwölf Artikel, als deren Verfasser der Kürschnergeselle Sebastian Lotzer in Zusammenarbeit mit dem Prediger Christoph Schappeler gelten, wurden in 25 Auflagen gedruckt und über Schwaben hinaus nach Franken und Thüringen verbreitet und zur integrativen Programmschrift der ganzen Bewegung. Das Evangelium, gedruckt und gedruckt aufbereitet, legitimierte sie.

Da war es eine Katastrophe, daß der erste Bibelexperte die erhoffte Unterstützung verweigerte. Dabei zunächst noch beiden Seiten zum Frieden ratend, sah Luther, befangen in der paulinischen Gehorsamslehre, seine eigene Bibelauslegung verkannt, seine Lehre durch einige Gewalttaten in Mißkredit gebracht, und reagierte mit einer der schrecklichsten Schriften der deutschen Geschichte: Die Herrschenden könnten sich den Himmel verdienen, wenn sie die Bauern totschlügen. Die Herren hatten die Aufforderung kaum nötig, aber mit dem drastischen Legiti-

mationsentzug des Evangeliums war die Sache der Bauern verloren. Auf der anderen Seite rief «Thomas Müntzer mit dem
Hammer» mit nicht weniger abgründiger Sprachgewalt zu einer
Art heiligem Krieg gegen die Herren auf. Aber es gab einen entscheidenden Unterschied: Luthers Aufrufe wurden im Druck
verbreitet, Müntzers nicht. Die gleichen Druckmedien, die Reformation und Bauernkrieg vorangetrieben hatten, haben die erste druckgestützte Massenbewegung dann wieder mit beendigt.
Wenn auch nicht im sozial umfassenden Sinne einer «frühbürgerlichen Revolution», so war der im stadtbürgerlichen Umfeld
der süd- und mitteldeutschen Druckerstädte spielende Bauernkrieg doch auch das Ergebnis einer frühbürgerlichen Medienrevolution gewesen. Die aber wurde nun nicht nur politisch,
sondern auch konfessionell kanalisiert.

III. Das Konfessionsbildungsproblem – dreimal die exklusive Wahrheit

**1. Die Konfessionsbildung zwischen Parallelität und Exklusivi-
tät** Die mediengemachte reformatorische Massenbewegung
stellte mit alternativen Konzepten die werdende politische Ordnung in Frage, konnte dann aber durch einen der großen neuzeit-
lichen Institutionalisierungsprozesse eingefangen und kanalisiert
werden: die Herausbildung der Konfessionen. «Konfessionsbildung» oder «Konfessionalisierung» sind erfolgreiche historische
Fachbegriffe, die ein verbreitetes Fehlverständnis des Reforma-
tionsjahrhunderts korrigieren: Während die katholische Konfession gern als Fortsetzung oder Erneuerung der vorreformato-
rischen Kirche wahrgenommen wurde, erschien die evangelische
als eine neue Sonderkonfession. Eine «Gegenreformation» galt
dann als eine bloße Reaktion und Rückholaktion einer epochen-
übergreifenden Institution katholische Kirche. Demgegenüber
betont das Konfessionsbildungskonzept die parallele Herausbildung und Institutionalisierung aller Konfessionen seit dem

16. Jahrhundert. Alle hielten sich für die gute alte Religion, glaubten sie fortzusetzen oder wiederherzustellen, aber tatsächlich waren alle Konfessionsbildungen mit alten und neuen Elementen. Mit dem Konfessionsbildungskonzept ist darum die Rede von «Altgläubigen» und «Neugläubigen» problematisch geworden und besser zu vermeiden.

Besonders unter dem Begriff der Konfessionalisierung sind auch staatliche und gesellschaftliche Modernisierungsgewinne im disziplinierenden Zugriff auf die Religion ausgeschildert worden. Gegen solchen «Etatismus» wurden aber andererseits eine Konfessionalisierung von unten, eine Selbstkonfessionalisierung der Bevölkerung oder kommunaler Kräfte und eine kulturelle Eigendynamik der symbolisch-kommunikativen Formen gestellt. Auch die Datierung ist unterschiedlich und wird heute gern als ein langfristiger Prozeß bis ins 17. Jahrhundert hinausgeschoben. Die Grunderkenntnis der parallelen dreifachen Konfessionsbildung ist jedoch dieser reichen und abwechslungsreichen Forschungslandschaft gemeinsam und nicht mehr zurücknehmbar.

Bemerkenswert ist vor allem die Gleichartigkeit der Mittel, um in Konkurrenz zueinander eine je einheitliche Religionsgemeinschaft durchzusetzen. So war erst auf evangelischer, dann auf katholischer Seite eines der wichtigsten Instrumente zur religiösen Vereinheitlichung ganzer Landschaften die Visitation der Kirchengemeinde durch Konfessionsbildner, deren Daten mit einer modernen Fragebogentechnik protokolliert wurden. Ob der Pfarrer etwa lutherische Bücher habe, was im einen Falle gelobt, im anderen gerügt wurde. Die Erschließung der auf die ganze Religion und Kultur ausgreifenden Visitationsprotokolle stand in der Tat am Anfang der Konfessionsbildungsforschung, und mittlerweile ist die Entdeckung gleicher Mittel und Methoden der Konfessionalisierung weit fortgeschritten. Nach einem griffigen Katalog von Wolfgang Reinhard sind das: Glaubensbekenntnis, Multiplikatoren, Propaganda, Bildungsausbau, Kontrollverfahren, Unterscheidungsriten und Sprachregelungen. All diese Kriterien sind in der Tat in allen drei Konfessionsbildungen in verschiedenen Ausprägungen nachweisbar. Worin aber lag dann das Problem?

Konfessionsbildung

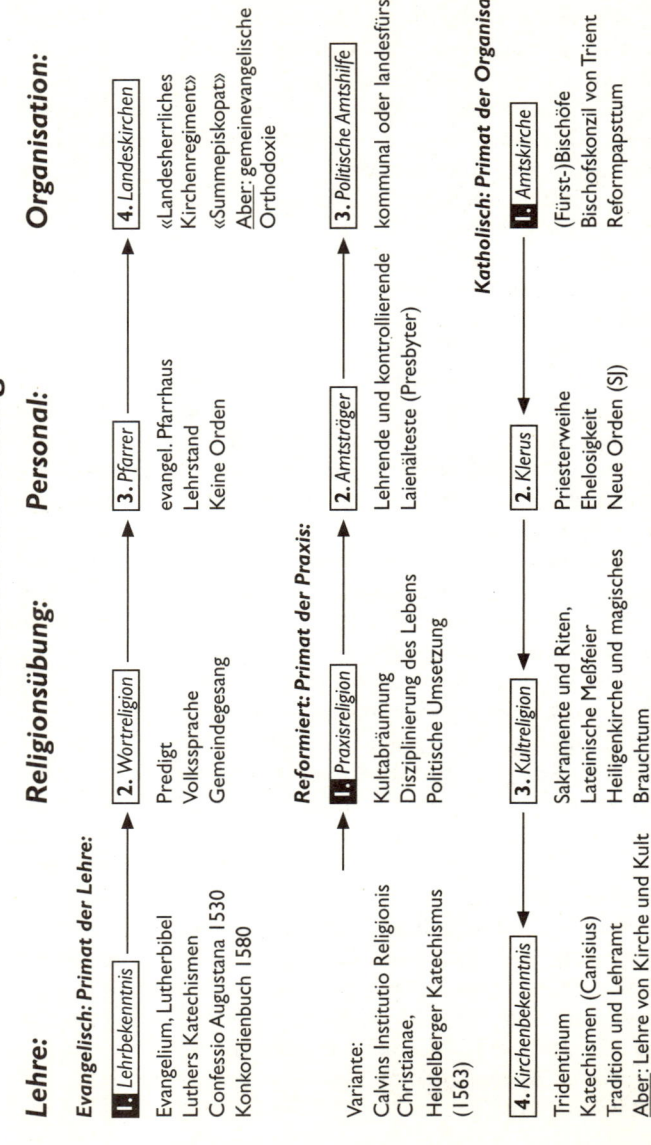

Lehre:	Religionsübung:	Personal:	Organisation:

Evangelisch: Primat der Lehre:

1. Lehrbekenntnis → **2. Wortreligion** → **3. Pfarrer** → **4. Landeskirchen**

Evangelium, Lutherbibel	Predigt	evangel. Pfarrhaus	«Landesherrliches
Luthers Katechismen	Volkssprache	Lehrstand	Kirchenregiment»
Confessio Augustana 1530	Gemeindegesang	Keine Orden	«Summepiskopat»
Konkordienbuch 1580			Aber: gemeinevangelische
			Orthodoxie

Reformiert: Primat der Praxis:

1. Praxisreligion → **2. Amtsträger** → **3. Politische Amtshilfe**

Kultabräumung	Lehrende und kontrollierende	kommunal oder landesfürs[t]
Disziplinierung des Lebens	Laienälteste (Presbyter)	
Politische Umsetzung		

Variante:

Calvins Institutio Religionis
Christianae,
Heidelberger Katechismus
(1563)

Katholisch: Primat der Organisa[tion]

4. Kirchenbekenntnis ← **3. Kultreligion** ← **2. Klerus** ← **1. Amtskirche**

Tridentinum	Sakramente und Riten,	Priesterweihe	(Fürst-)Bischöfe
Katechismen (Canisius)	Lateinische Meßfeier	Ehelosigkeit	Bischofskonzil von Trient
Tradition und Lehramt	Heiligenkirche und magisches	Neue Orden (SJ)	Reformpapsttum
Aber: Lehre von Kirche und Kult	Brauchtum		

Die Gleichartigkeit der Konfessionsbildung ist nur die eine Seite, auf der anderen Seite gab es exklusive Spezifika, die sich antagonistisch gegenüberstanden. Der größte, aber oft nicht mehr präsente Unterschied ist, daß auch die gleichen oder sich angleichenden Kriterien einen unterschiedlichen Stellenwert im jeweiligen Religionssystem hatten. Obwohl am Ende ebenfalls alle alles hatten, waren doch die Ansatzpunkte ganz unterschiedlich und damit die ganze Legitimationsbasis grundverschieden. Diese Erstbegründung, die auch die Letztbegründung der jeweiligen Konfessionsbildung blieb, ist als ein dreifacher Primat auf den Punkt gebracht worden: Der «Primat der Lehre», der «Primat der Praxis» und der «Primat der Organisation» (J. B.). Erst daraus kann sich ganz erschließen, wo eigentlich das Problem für die deutsche Geschichte lag.

2. Der evangelische Primat der Lehre und der reformierte Primat der Praxis

Die *evangelische* Konfessionsbildung gründet auf dem **Primat der Lehre.** Basis und Legitimation blieb das Evangelium, aber Luthers unerwartete Erfahrung, daß andere die Bibel anders verstanden, erforderte Zusatztexte zur Sicherung und Verbreitung des nach dem Urteil des Experten authentischen Wortes Gottes. Kommentare in der Luther-Bibel, Katechismen als «Laienbibeln» und weitere Schriften Luthers und Melanchthons, die in Gesamtausgaben gedruckt wurden, fixierten die evangelische Lehre. Eigene Kirchenordnungen sicherten ihre Verkündigung. Aber am wichtigsten wurde für die Integration und Abgrenzung der Religionsgemeinschaft das *Lehrbekenntnis* (**1.**), die formelle Verschriftlichung fixierter Glaubensinhalte. Ganz und gar grundlegend wurde das Augsburger Bekenntnis (Confessio Augustana), eine von Melanchthon verfaßte Aufstellung der Wittenberger Lehre, die eigentlich eher weich formulierte Diskussionsgrundlage für die auf dem Augsburger Reichstag von 1530 angestrebte Wiederherstellung der Religionseinheit. Als das nicht gelang und Kaiser und katholische Reichsstände sie verwarfen, wurde «Augsburgische Konfessionsverwandte» zum offiziellen Parteinamen für die Anhänger der evangelischen Konfessionsbildung. Nach dem Tode

Luthers 1546 brachen eine Reihe innerevangelischer Lehrstrei-
tigkeiten auf, doch konnte die Eintracht mit einer von 8000
Amtsträgern unterschriebenen Formel wiederhergestellt werden. Zum 50jährigen Jubiläum der Augsburger Konfession hielt
ein «Konkordienbuch», das neben dieser Formel zusätzlich die
Augsburgische und drei weitere Konfessionen aus der ersten
Jahrhunderthälfte enthielt, die nunmehr gesicherte Einheit der
evangelischen Lehre erfolgreich fest. Der von den Druckmedien
eingeübte Textbezug blieb die mehrfach ausdifferenzierte Basis
der Konfession, die nun in ein Zeitalter der vom Lehrdogma bestimmten protestantischen Orthodoxie ging.

Die evangelische *Religionsübung* erscheint entsprechend der
Textpriorität von Bibel und Bekenntnis primär als *Wortreligion*
(**2.**). Die Predigt rückte ins Zentrum des evangelischen Gottes-
dienstes und kultivierte die bekenntnisbewußte Bibelauslegung.
Im Kirchenbau konnten Kanzelaltäre die Zentralstellung des
Wortes symbolisieren oder hier zuerst Emporen und Bänke das
Zuhören erleichtern. Nicht zuletzt der stilprägende deutsche Ge-
meindegesang war ein von Luther selbst mitgestaltetes Wort-
und Bekenntnismedium, das mit seinen Kirchenliedern und Kan-
toreien auf die ganze Musikkultur ausstrahlte. Die überlieferte
Liturgie wurde vom Luthertum geschont, aber zum Beispiel
durch Hereinnahme des Laienkelchs der Lehre angepaßt und
vor allem schon damals als deutschsprachige Messe ebenfalls
dem Wortverständnis aller geöffnet.

Aber auch das Wort Gottes in der Gemeinde bedurfte der
Vermittlung durch kundiges *Personal*. Die primären Konfessionsbildner waren weder die Agenten des Staates, wie die einen
meinen, noch eine kommunale Selbsthilfe von unten, wie die
anderen dagegen setzen, sondern eine intellektuelle Elite aus Humanisten wie Melanchthon und Theologen wie Luther selbst.
Die Klöster verloren mit ihrer Heilsbedeutung auch ihren Kultur-
auftrag der handschriftlichen Textüberlieferung und -pflege an
die Druckwerkstätten und Bildungseinrichtungen, lösten sich auf
und stellten vielfach wie wiederum Luther selbst das Reformati-
onspersonal der ersten Stunde. Wittenberg mit seiner Universität
und den Druck- und Bildwerkstätten wurde zur Steuerungszen-

trale der evangelischen Konfessionsbildung im sächsisch-thürin-
gischen Raum und wirkte weit darüber hinaus. Allein Johannes
Bugenhagen konfessionalisierte von Wittenberg aus halb Norddeutschland. Nebenzentren wie das fränkische um Andreas Osi-
ander oder das schwäbische um Johannes Brenz hielten Kontakt
oder schlossen sich später an. Vor Ort wurden *Pfarrer* (**3.**) kon-
fessionalisiert oder neu eingesetzt, die nach Beseitigung des rö-
misch-kirchenrechtlichen Zölibats ihre Partnerinnen zu heiraten
hatten. Die in Deutschland nach neuerer Forschung mehrheitlich
übliche und tolerierte Lebensform des Klerus («Konkubinat»)
wurde damit legitimiert und das evangelische Pfarrhaus begründet. Einen priesterlichen Sonderanspruch gab es hier nicht, aber
der evangelische «Geistliche» entwickelte sich gleichfalls zu einem eigenen Berufsstand, der sich konfessionstypisch als «Lehr-
stand» professionalisierte und in die Gesellschaft einordnete.

Am Ende brauchte aber auch die das Evangelium verkün-
dende Lehre eine institutionelle *Organisation*. Das evangelische
Kirchenwesen sollte nicht vorschnell zu einer Staatsveranstal-
tung erklärt werden, aber es erfuhr organisatorischen Rückhalt
durch die jeweiligen politischen Gewalten. Das war eigentlich
nichts Neues. Über Vogteien, Pflegschaften und andere Laien-
rechte verfügten Adel und Städte über hergebrachte Kirchen-
rechte. Ein landesherrliches oder stadtherrliches Kirchenregiment mit Besetzungs-, Regulierungs- und Aufsichtsrechten war
weit ausgebildet und mußte nur auf die Sorge für die Predigt des
Evangeliums und die Lehre ausgeweitet werden. Aus christlichen Herrscherpflichten und einem Notrecht der Laien, wenn
das Haus brenne, legitimierte Luther die Fürsten als «Notbi-
schöfe». Auf Dauer wurde so der Landesherr zum «obersten Bischof» («Summepiskopat») der *Landeskirchen* (**4.**), wenngleich
mit einer in ihren Ämtern und Gremien, wie Superintendenten
und Konsistorien, relativ eigenständigen Kirchenverwaltung. In
der Regel waren also im evangelischen Deutschland die Fürsten
zugleich Bischöfe, während im katholischen Deutschland die
Bischöfe zugleich Fürsten waren.

Eine radikalere reformatorische Spielart, auch als «Zweite
Reformation» bezeichnet, versuchte die Reformation der Lehre

zur «reformatio vitae» weiterzutreiben. Diese «reformiert» genannte Konfessionsbildung akzentuierte den Primat der Praxis.
Zuerst Ulrich Zwingli in Zürich, dann vor allem Johannes
Calvin in Genf gingen wie Luther von der Bibel aus und übernahmen weitgehend die evangelischen Bekenntnisgrundlagen
(Institutio religionis christianae 1536) mit Modifizierungen, deren bekannteste eine ins symbolische abgeschwächte Abend-
mahlsauffassung und eine zur Prädestinationslehre verschärfte
Gnadentheorie waren, die jedoch in Deutschland gar nicht übernommen wurden (Heidelberger Katechismus 1563). Erst bei der
Religionsübung (**1.**) zweigte der Weg ab: Das Wort Gottes sollte
nicht nur gelehrt, sondern vor allem praktisch umgesetzt werden. Das begann mit einer radikalen Kultabräumung, in der Hei-
ligenbilder, Messe und magische Rituale als Abgötterei, ja unbib-
lische Gotteslästerung aus den Kirchen verbannt wurden, griff
aber auf die Lebensführung über, die nach biblischem Vorbild –
nach dem Bild der christlichen Urgemeinde, wie auch unter dem
strafenden Gottesbild des Alten Testaments – gestaltet werden
sollte. Die heute der Konfessionalisierung generell zugeschriebene Disziplinierung des Lebens, die Max Weber als pro-
testantische Vorstufe des modernen Berufslebens herausgestellt
hat, erhielt im Modellstaat Genf einen besonderen Akzent der
Kirchenzucht, der Lust- und Lustbarkeitenfeindlichkeit und der
Sozialkontrolle. Entsprechend wurden auch die Laien stärker
herangezogen, zum einen in der presbyterialen Kirchenverfas-
sung, in der neben dem Lehramt die Ältesten (Presbyter) als
eigene *Amtsträger* (**2.**) die christliche Lebensführung zu kontrollieren hatten, zum anderen in einem besonderen Verhältnis zur
Politik. Wer die gemeindliche Organisation in Genf für demokratische Potentiale des Calvinismus in Anspruch nimmt, muß
jedoch bedenken, daß der reformierten Konfession im deutschen
Westen und Norden gerade Reichsadel und Reichsfürsten zufie-
len. Der gemeinsame Punkt ist, daß diese Konfession von den
durch die Gnade Gottes erwählten Politikern nun auch im Namen Gottes *Amtshilfe* (**3.**) zur Umsetzung der bibelchristlichen
Praxis forderte, gleichgültig an welcher Stelle oder in welchem
politischen System sie politisch Verantwortung trugen.

3. Der katholische Primat der Kirchenorganisation Genau den umgekehrten Weg der am biblischen Bekenntnis oder an der biblischen Praxis ansetzenden Konfessionen nahm die *katholische Konfessionsbildung.* Ausgangsbasis war hier die *Organisation,* die überlieferte Hierarchie der von den Bischöfen geleiteten *Amtskirche* (1.). Ein guter Teil der deutschen Bistumsorganisation unter den Erzbistümern Mainz, Trier, Köln und Salzburg überstand die Reformation und erwies sich als resistenter als die weltlichen Fürstentümer und Reichsstädte. Die vom Domkapitel gewählten und von Kaiser und Papst zu bestätigenden Fürstbischöfe waren durch Kirchenrecht und Konkordat auf Wahrung ihres geistlichen Status angewiesen, vermochten andererseits aber als Landesherren evangelische Konfessionalisierungsversuche in Grenzen zu halten. Die katholische Konfessionsbildung konnte hier ansetzen, nach neuerer Einsicht oft vor oder neben dem Konzil von Trient (1545–1563) als «untridentinische Reform» (H. Molitor). Ohne diese Reichskirche hätte die katholische Konfessionalisierung in Deutschland keine Chance gehabt, aber sie bedurfte zudem auch der Organisationshilfe von außen. Da war zunächst das Papsttum, das sich seit den 1530er Jahren zum Reformpapsttum mit neuem religiösem Führungsanspruch wandelte, mit neuen Kardinalskongregationen für Glaubensinquisition (Heiliges Offizium) und -verbreitung (Propaganda fidei) und ständigen römischen Nuntiaturen am Kaiserhof und für die Rheinbistümer in Köln. Dann aber auch das zum Abgrenzungskonzil werdende Tridentinum, auf dem unter römischer Regie allein die Bischöfe Stimmen führten. Dieses Konzil repräsentierte so kaum noch die Christenheit, sondern die Autorität einer Amtskirche, die sich von der Ausbildung bis zur Residenzpflicht des Klerus schlagkräftig reformierte, aber auch sich selbst als den eigentlichen Unterschied zu erkennen gab. Nicht so sehr der Text und seine Auslegung, sondern Kirche und Kirchenämter selbst galten als heilig und wurden zur Legitimationsbasis der Konfessionsbildung.

Von dieser sakralisierten Amtskirche fiel ein Abglanz auf das gesamte *Personal.* Anders als beim professionalisierten, aber entsakralisierten Predigergeistlichen war die primäre Aufgabe des katholischen Priesters der Vollzug ritueller Handlungen und heilsbringender Zeremonien, so daß er selbst mit einer Art Amts-heiligkeit bekleidet erschien. Folgerichtig empfing der *Klerus* (**2.**) einen Teil der in Trient restituierten Sakramente, die er ver-waltete, als einziger Berufsstand exklusiv selbst: die Priester-weihe und beim Abendmahl den Kelch. Der Preis der religiösen Aufwertung war die rigorose Durchsetzung des Zölibats, der ge-gen das Herkommen und unter hinhaltendem Widerstand eine mönchisch-asketische Lebensform auf die Gemeindepfarrer des ganzen Landes zu übertragen suchte. Unterstützt von litur-gischen Gewändern hob das die religiöse Sonderstellung des Klerus sichtbar hervor. Die Ehelosigkeit wurde auch zu einem konfessionellen Unterscheidungszeichen. Eine gewaltige Per-sonalaufstockung brachten neu gegründete Orden eines zugleich neuen, die klösterliche Klausur sprengenden Typs, allen voran die auf ihrem Höhepunkt 20 000 Mitglieder zählenden Jesuiten. Die von dem ehemaligen baskisch-spanischen Kriegsmann und Pariser Theologiestudenten Ignatius von Loyola gegründete und 1540 in Rom anerkannte und dem Papst unterstellte «Gesell-schaft Jesu» verstand es, eine hochreflektierte Religiosität und methodische Selbstdisziplinierung einem weltzugewandten Ak-tionismus, der Konfessionsbildung und Missionierung dienstbar zu machen. Jesuitenprofessoren und ganze Kollegien und Uni-versitäten wie Dillingen reformierten das Studium (Ratio stu-diorum 1599), kamen der Klerikerausbildung zugute und mach-ten die Konfession auch für Laien und Adel attraktiv.

In der *Religionsübung* erschien die katholische Konfessions-kirche in erster Linie als *Kultreligion* (**3.**). Nicht nur sind die auf evangelischer Seite reduzierten spätmittelalterlichen Sakra-mente und Kultpraktiken wie Ablässe, Reliquien, Segnungen wie-derhergestellt worden, sondern diese magische Kirchengewalt wurde besonders hervorgehoben. Aus der Hostie im seitlichen Sakramenthäuschen wurde das in die Mitte gerückte «Altars-sakrament», das in prunkvollen Monstranzen und Fronleich-namsprozessionen besondere Anbetung erfuhr und neuartige Werbewirkung entfaltete. Die Sprache der kultischen Funktio-nen einschließlich der ganzen Messe blieb Latein, dem sich auch das opernähnliche Jesuitentheater anschloß, denn es ging nicht um das Wortverständnis für die Laien, sondern um das Ritual in einer abgehobenen heiligen Sprache. Umso stärker appellierte die religiöse Inszenierung an alle Sinne von den Schauwerten der Meßfeier bis zum Weihrauch. Ein besonderes Kennzeichen der Konfession wurde ein Himmel voller Heiliger, der die irdische Institution und Geschichte der Kirche als eine Kommunikations-gemeinschaft überhöhte, aus der immer wieder Bekenner, Kir-chenmänner und Wundertäterinnen nachrückten. Zugleich kam die Heiligenverehrung aber in einer noch magischen Welt den Menschen entgegen, die sie als irdische Nothelfer in den Gefah-ren des Alltags anriefen und im Erfolgsfall mit Votivtafeln be-lohnten. Vielleicht als Ausgleich zu dem im Kirchendienst an den Rand gedrängten weiblichen Element wurde der Marienkult erfolgreich propagiert, der neue Frömmigkeitsformen mit Wall-fahrten und den Rosenkranz hervorbrachte, aber besonders in Bayern und Österreich auch zur Vereinnahmung der Jungfrau als konfessionalisierte Landes- und Schlachtenpatronin führte.

Die katholische *Lehre* ließ lange auf sich warten. Erst das Tridentinum lieferte 1563 ein positives Bekenntnis, dessen An-nahme durch die deutschen Bischöfe sich freilich noch über Generationen hinzog, flankiert von einem einheitlichen Meß-buch, einem normierten römischen Bibeltext und katholischen Katechismen. Die tridentinischen Lehraussagen grenzen sich in wenigen umstrittenen Fragen wie der Rechtfertigungslehre vom evangelischen Bekenntnis ab, aber die Reformbestimmungen wie die Dogmatisierungen gelten vornehmlich der Kirche, ihren Rechten und Handlungsfeldern selbst. Erstmals wird die kirch-liche Tradition explizit der Bibel als eigene Glaubensquelle neben-geordnet und in Katechismen sogar übergeordnet. Der 1559 in Dillingen gedruckte deutsche Katechismus des Ordensprovinzi-als Petrus Canisius, mit insgesamt 200 Ausgaben der verbreitet-ste, verstärkte die Lehr- und Gebotsgewalt der Kirche noch. Zu glauben sei, was die Kirche als Gottes Offenbarung präsentiert, «es sey solches in den heiligen Schriften außtrücklich begriffen oder nit». Oder gleich schlicht, was der Heilige Geist durch die Kirche und «ihre Obern zu glauben und zu halten befiehlt». Die

katholische Amtskirche hatte jetzt ebenfalls ein neues Lehrbekenntnis, aber seine entscheidende Lehre war die Überordnung
der katholischen Amtskirche. Es war also eigentlich ein *Kirchenbekenntnis* (4.). Ein wahrer Kult der kämpfenden und trium-
phierenden Kirche – mancherorts auch des höchsten Amtsträ-
gers, aber noch nicht in der papalistischen Zuspitzung späterer
Zeiten – feierte dieses Coming out der katholischen Konfessionsbildung als Ecclesia militans und Ecclesia triumphans.

4. Die strukturelle Intoleranz   Die Konfessionsbildung konnte
so auf die eine oder andere Weise unerwünschte Folgen der Medienrevolution durch ihre normierende und regulierende Institutionalisierung in den Griff bekommen. Dazu aber nahmen die
Konfessionen selbst wieder die Medien in Anspruch. Ja, hinter
dem unterschiedlichen Primat, von dem aus die jeweilige Konfession aufgebaut wurde und der die an sich gleichartigen Mittel
einfärbte (s. Abb.), standen zweierlei Kommunikationstheorien,
ob nämlich die Menschen durch die geheiligten Schriften und
ihre Lehre Gott zu hören glaubten oder aber durch die geheiligte
Kirchenorganisation. Dieser theologisch überhöhte Kommuni-
kationsantagonismus der entgegengesetzten Primate hatte jedoch
auch eine verhängnisvolle Wirkung: Er gab der pluralen Konfessionsbildung eine strukturelle Intoleranz mit auf den Weg.
    Bei der Konfessionsbildung standen sich nämlich nicht ver-
schiedene Religionen gegenüber, sondern es ging um die richtige
Auslegung ein und derselben Religion. Alle glaubten, daß es nur
eine einzige religiöse Wahrheit gäbe und folglich nur die eine
Christenheit geben dürfe. Jeder aber sah nun in seinem konfes-
sionsbildenden Primat den einzig richtigen Zugang dazu. Die
biblische Lehre, die christliche Praxis oder die Kirchenorganisation waren nicht nur praktische Spezialisierungen, sondern bürg-
ten mit ihrer kommunikationstheologischen Überhöhung für
den exklusiven Besitz der ganzen Wahrheit.
    Zusätzliche Altersqualifizierungen steigerten diesen exklu-
siven Wahrheitsanspruch. Für die Wiederherstellung der «alten
Lehre», für die «re-formierte» Urkirchenpraxis oder aber für die
bis auf die Apostel zurückgeführte Organisation beanspruchte

jede Konfession den exklusiven Altersbonus. Der jeweils für entscheidend gehaltene Primat schien allen Seiten die Gewähr zu
bieten, daß «wir die alte Kirche sind» (Martin Luther). So sahen
sich alle als die einzig legitimen Alleinerben der wahren, alten
Religion und Christenheit – und sprachen damit den anderen
das religiöse Daseinsrecht ab.

IV. Der Augsburger Religionsfrieden – wie löst man ein unlösbares Problem?

1. Das Problem der Konfessionsbildung Die strukturell vorge-
gebene Intoleranz der Konfessionsbildung trug der deutschen
Geschichte kaum lösbare Probleme ein. Die je eigene Konfessionsbildung wurde als institutionelle Vorleistung für die aufge-
frischte Wahrheit verstanden, der sich alle anschließen sollten.
Eine Wiedervereinigung war damit ebenso unmöglich wie ein
gelassenes Nebeneinander der Konfessionen. Der nicht zur Disposition gestellte exklusive Kommunikations- und Altersprimat
blieb die Erst- und Letztbegründung und ließ eine Pluralisierung
von Religion als nicht legitim erscheinen. So galten die Evangelischen als abtrünnige Neuerer der organisierten Kirche, gegen die
auch die Ketzerterminologie eingesetzt wurde, während umgekehrt der Papst und die Seinen als der Antichrist erschienen, vor
dem die Bibel warnt, oder man wähnte sie gleich als vom Teufel
gestiftet. Wenn es schließlich zu einer gewissen medialen Anglei-
chung kam, dann vor allem als eine Art Druckwettbewerb ge-
genseitiger Dämonisierung.

Aus dem einander ausschließenden Wahrheitsanspruch der
konkurrierenden Konfessionsbildung rührte die Militanz bis hin
zur Gewaltanwendung. Letztlich ging es nicht nur darum, Konfessionsbildung zu etablieren, sondern sie mit dem Sieg der eigenen überflüssig zu machen. Zwingli zog selbst in zwei Kriege
gegen die störrischen innerschweizer Orte, die sich der Annahme
des Evangeliums entgegen stellten, und beglaubigte seine konfes-

sionelle Militanz durch seinen Schlachtentod. Etwas gemäßigter und defensiv gründeten einige Reichsstände den Schmalkaldischen Bund und später die Union zum Schutze des Evangeliums. Umgekehrt führte Karl V. einen Krieg gegen die Schmalkaldener, den er als Reichskrieg deklarierte, aber als Religionskrieg verstand, charakteristischerweise nicht um katholische Lehrinhalte durchzusetzen, für die ihm ein vorläufiges Augsburger «Interim» (1547) genügte, sondern die Evangelischen zur Teilnahme an einem Einigungskonzil zu nötigen – aber wie hätte das in der hierarchischen Amtskirchenversammlung in Trient gelingen sollen? Und das war nur das von der Presse beider Seiten kräftig inszenierte deutsche Vorspiel für eine europäische Serie von Religionskriegen, die von der strukturellen Intoleranz der Konfessionsbildung ausgelöst wurde.

Erstaunlicherweise ist das Reich deutscher Nation, das als erstes und am stärksten im Zentrum der unlösbaren Konfessionskonflikte stand, darüber jedoch nicht auseinandergebrochen. Die Bindekräfte der katholischen Reichsinstitutionen und die Integrationskraft von Sprache und Nation erwiesen sich oft im letzten Moment als stärker als die hochideologisierte Unvereinbarkeit der Konfessionsbildungen. So korrigierte eine Fürstenerhebung die konfessionelle Schieflage, die nach dem Sieg des katholischen Kaisers im Schmalkaldischen Krieg entstanden war und in der sich der evangelische Norden gegen eine kaiserliche Zwangsvereinigung «um unseres Herrgotts Kanzlei» mit separatistischem Potential in Magdeburg verschanzte. Es war der evangelische Moritz von Sachsen, der sich erst im konfessionell falschen Lager des Kaisers die sächsische Kurwürde verdiente, damit aber zum Reichspolitiker wandelte. Nun ließ er nach erfolgreicher Erhebung klugerweise den Kaiser entkommen, um mit dessen Bruder Ferdinand ein konfessionelles Gleichgewicht herzustellen. Im Passauer Vertrag (1552) handelten die beiden Krisenmanager aus, auf welchen Wegen man das Reich erhalten könnte, und stellten dafür die Weichen. Aus der konfessionellen Unvereinbarkeit und Unverträglichkeit aber schien nur ein Wunder heraushelfen zu können.

2. Das Wunder von Augsburg Es ereignete sich 1555 in Augsburg. Aber es war ein säkularer Zauber, und er gelang mit einem Griff in das politische Instrumentarium des Reiches. Der Kniff war erst einmal, daß man ein Problem, das man nicht lösen kann, auf eine andere Ebene verschieben muß, auf der man damit fertig werden kann. Der Text des Augsburger Religionsfriedens, als Teil eines Reichstagsabschieds in deutscher Sprache, verrät genau, wie das gemacht wurde: Auf dem Reichstag zu Augsburg, berichtet der Kaiser in dem Dokument, habe man sich natürlich, wie zur Beruhigung der Theologen aller Seiten vorangestellt wird, dem Problem der immer noch «strittigen» oder «spaltigen Religion» zugewandt, das immer noch unerledigt sei. Dabei aber habe man gleich bemerkt, daß eine Einigung in einer so weitläufigen Sache so schnell nicht zu machen sein werde. Darum habe der Reichstag das alles «bis auf andere gelegene Zeit» verschoben und sich erst einmal einen anderen Tagungsordnungspunkt vorgenommen, heißt es unschuldig, nämlich den Ewigen Landfrieden, der dringend näherer Ausführungsbestimmungen bedürfe, zumal viele Probleme 1495 noch gar nicht absehbar gewesen wären. Und zwar vor vielen anderen – die Religion. Elegant wird die unlösbare Wahrheits- und Einheitsfrage auf eine politisch-rechtliche Ebene verschoben, auf der man das Problem angehen konnte. Die Landfriedensregelungen gegen die Fehde wurden auf die Religionskonflikte ausgeweitet, die sich immer gern durch Berufung auf religiöse Herrscherpflichten, Gewissensentscheidungen und Widerstandsrechte davon ausnehmen wollten. Ausdrücklich wurde die Landfriedensformel von 1495 wiederholt, und feierlich versprachen Kaiser und katholische Reichsstände auf der einen Seite, die evangelischen Kollegen nicht «gewaltiger Weiß» zu «überziehen, beschädigen, vergewaltigen», sondern sie bei ihrer Religion «ruhiglich und friedlich» bleiben zu lassen, und in fast gleichen Worten gaben die Evangelischen den Katholischen den Gewaltverzicht zurück.

Auch Wunder haben ihre Vorzeichen, und so war auf der politischen Ebene der Reichstage schon zuvor eine gewisse Mäßigung der religiösen Sprache zu beobachten, konnte man doch die anderskonfessionellen Kollegen nicht gut als Ketzer bezeichnen.

Nicht konsensfähig war zwar die exklusive Selbstbezeichnung «evangelisch» oder die katholische als «heilige» Kirche, aber Rechtstermini wie «Protestierende» und vor allem «Augsburgische Konfessionsverwandte» und umgekehrt trotz evangelischen Widerstands 1555 noch einmal die «alte», bald aber «katholische» Religion wurden die amtlichen Bezeichnungen der nun im Reich zugelassenen Konfessionen. Auch hatten sich Kaiser und katholische Reichsstände unter dem außenpolitischen Druck der Türkenkriege zu Stillhalteabkommen und vorläufiger Duldung der Evangelischen verstehen müssen (Nürnberger Anstand 1532, Frankfurter Anstand 1539). Aber das waren ausdrücklich bis zu einem Einigungskonzil oder -reichstag begrenzte Erklärungen des Kaisers, in der Religionsfrage nichts zu unternehmen, jedoch keine Anerkennung von zwei gegenübergestellten Religionsparteien. Der Einbau in die Novellierung des Ewigen Landfriedens aber umging nicht nur den Widerstand der religiösen Bedenkenträger, sondern verlieh dem Beschluß eine ganz andere Qualität und verwandelte ein weiteres Moratorium in ein Grundgesetz des ganzen künftigen deutschen Religionsrechts. Denn erstens war der nicht umsonst als «ewig» in die Geschichte eingegangene Landfrieden seit 1495 eine Dauerregelung, die wie die ganze erweiterte Exekutionsordnung mitsamt einer Reihe von Reichskreis- und Gerichtsregelungen bis ans Ende des Reiches galt. Die Wiederherstellung der christlichen Einheit wurde zwar als letztes Ziel genannt, aber ausdrücklich um einzuschärfen, daß der Gewaltverzicht bis zu diesem unbekannten Termin gelte – also solange es Konfessionen gibt. Zweitens beschrieben reziproke Stilisierungen den Gewaltverzicht beider Seiten auf der Grundlage der Landfriedensformel, so daß aus der Duldung durch die kaiserliche Konfessionspartei eine echte Anerkennung durch das Reich wurde. Beide Konfessionen waren damit politisch-rechtlich zulässige Reichsreligionen. Und drittens war dieses in der Form von Reichstagsbeschlüssen und vom Kaiser bevollmächtigte, approbierte Dokument kein rücknehmbarer Reichsabschied oder aufkündbarer Friedensschluß mehr, sondern ein Reichsgesetz. Die Integration in die Exekutionsordnung des Landfriedens sicherte ihm dessen unkündbaren Verfassungsrang.

3. Eine Lösung nach Art des Reiches   Das Einbauen der einzelnen Konfessionen in die Reichsverfassung war nur möglich durch die deutsche Doppelstaatlichkeit und die besondere föderale Kernkompetenz des Reiches. Der politische Dreh waren die Auslagerung und Verteilung der in ein und derselben politischen Verwaltungseinheit noch nicht koexistenzfähigen Konfessionsbildungen auf die verschiedenen Territorien. Auch das hatte schon mit dem Widerstand von Reichsständen gegen das Wormser Edikt gegen Luther begonnen, das sie nur halten wollten «soviel ihnen möglich» war und gegen dessen verschärfte Durchsetzungsversuche sie protestierten (Speyrer Reichstage 1526 und 1529). Die in den Ländern und Herrschaften politisch Verantwortung Tragenden sollten selbst entscheiden, nach welcher der beiden unvereinbaren Konfessionen sie ihr Kirchenwesen einrichten oder reformieren möchten. Dies ist der Sinn des nachträglich von Juristen auf den Begriff gebrachten Grundprinzips des «Ius reformandi», das in der populären Version «Wes das Land, des der Glaube» in heutigen Ohren schrill klingt, aber nicht die Anfänge individueller Freiheitsrechte beschneiden sollte, sondern die friedwirkende politische Lösung für ein sonst unlösbares Problem fand. Diese Religionszuständigkeit, die in der Konsequenz das landesherrliche Kirchenregiment reichsrechtlich bestätigte und seinen Aufgabenbereich auf die Konfessionsfrage erweiterte, hat die Landesherrschaft sicher insgesamt verstärkt und endgültig irreversibel gemacht. Andererseits hat auch die Reichsgewalt, die diese Lösung fand, rechtlich legitimierte und einheitlich regulierte, damit ihre Position gestärkt.

Denn es sind ja nicht etwa so viele Konfessionen entstanden wie es Landesherrschaften gab, sondern zunächst zwei übergreifende, die sich jeweils konfessionelle Nachbarschaftshilfe leisteten, in Bünden und am Reichstag als Religionsparteien organisierten und so keineswegs einem Partikularismus Vorschub leisteten, sondern selbst überterritoriale Integrationskräfte entwickelten. Entsprechend war das Konfessionsbestimmungsrecht von 1555 allein ein Wahlrecht zwischen den beiden fortan rechtlich zulässigen Reichskonfessionen. Die Täufer und alle anderen religiösen Sonderkonfessionen und Spielarten waren ausdrücklich ausgeschlossen, selbst die Reformierten rückten für eine Berücksichtigung zu spät ins Reich vor, fanden aber trotz heftiger Abwehr durch lutherische Theologen gewissermaßen als entfernte Verwandte der Augsburgischen Konfession per Reichstagsbeschluß (Augsburg 1566) eine etwas prekäre kollegiale Duldung. Das Reichsrecht konfessionalisierte mit und Religion blieb auch Reichssache.

Des weiteren unterlag selbst das landesherrliche Konfessionswahlrecht reichsrechtlichen Einschränkungen. Vom Kaiser nicht freigegeben wurde es den Fürstbischöfen, die nur als katholische Bischöfe ihre Herrschaft erlangen konnten, die sie bei einem Konfessionswechsel abzugeben hatten (Geistlicher Vorbehalt). Die evangelischen Reichsstände wollten diese Beschränkung nicht mittragen, nahmen sie aber dank einer abfedernden Erklärung des Kaiserbruders Ferdinand hin, daß dafür die schon evangelisch gewordenen Landstände in den nun geistlich festgeschriebenen Landesstaaten nicht behelligt werden sollten (Declaratio Ferdinandea). Als 1582 der Kurerzbischof von Köln sich nicht zwischen der Heirat mit einem Stiftsfräulein und seiner Herrschaft entscheiden konnte, sondern beides wollte und evangelisch wurde, setzte der Kaiser tatsächlich den Geistlichen Vorbehalt durch und den Kurfürsten ab – mit etwas militärischer Nachhilfe der Wittelsbacher, deren nachgeborene Prinzen sich zum Dank die nächsten beiden Jahrhunderte selbst zu Kölner Erzbischöfen wählen ließen. Ebenso schränkte ein Auswanderungsrecht für alle konfessionellen Dissidenten, in dem viele das erste verbriefte Individual- und Menschenrecht sehen, die landesherrliche Verfügungsgewalt über die Untertanen durch eine übergeordnete reichsrechtliche Regelung ein (Ius emigrandi). Minderheitenschutz erhielten zudem Reichsstädte wie Augsburg auferlegt, das sich zur bikonfessionellen Stadt entwickelte. Zudem erleichterte gerade die politisch-konfessionell reich gegliederte Landschaft die Praxis des «Auslaufens» zu anderskonfessionellen Gottesdiensten in der Nachbarschaft.

Reichsrecht und Reichsgewalt behielten diese Regelung tatsächlich unter Kontrolle. Das Reichskammergericht erlebte eine Glanzzeit, in der die Religionskonflikte nach dem neuen Reichs-

religionsrecht verhandelt werden konnten. Aber auch der Reichstag und der Kaiser als oberster Richter, der sich seit 1559 auf den
neuorganisierten Reichshofrat stützen konnte, brachten gerade
in der Konfessionsfrage die Gesamtstaatlichkeit zur Geltung.
Neben dem Kaisernachfolger Ferdinand I. verstand es insbesondere Maximilian II., seine überparteiliche Stellung als Reichsoberhaupt von der des katholischen Landesherren seiner österreichischen Erblande so mustergültig zu unterscheiden, daß viele
rätselten, was eigentlich sein persönliches Bekenntnis sei, und er
dies als Amtsgeheimnis mit ins Grab nahm.

So gelang es, die strukturelle Intoleranz der frühneuzeitlichen
Konfessionsbildungen durch die Überordnung der politisch-
rechtlichen Ebene und die Nutzung der doppelten Staatlichkeit
in den Griff zu bekommen.

4. Friedensleistung und Konfessionskultur Diese Lösung nach
Art des Reiches ist eine der größten Leistungen des deutschen
Föderalismus. Während Westeuropa in einer Serie von Religionskriegen versank – allein in unmittelbarer Nachbarschaft acht
Hugenottenkriege mit dem Exzeß der Pariser Bartholomäusnacht sowie 80 Jahre Sezessionskriege der Niederlande gegen
das katholische Spanien – herrschte im Reich deutscher Nation
mit ganz geringfügigen Störungen mehr als zwei Generationen
lang Frieden! Das ist umso bemerkenswerter als die Nachbarn
ihren deutschen Konfessionsgenossen nahe standen und durch
militärische Durchzüge und Söldnerwerbungen stets die Gefahr
des Übergreifens auf das Reich bestand. Die reichsständische Solidarität erwies sich als stärker, und das Reich ließ sich im
16. Jahrhundert nicht in die Grenz- und Außenkonflikte hineinziehen. Reichstag und eigene Krisenausschüsse verstanden es,
mit einem gekonnten Konfliktmanagement und einer effektiven
Sicherheitspolitik auf der Basis des Augsburger Religionsfriedens die große Katastrophe für dieses Jahrhundert abzuwenden.

Weniger friedlich erscheint die Verwicklung des Reiches in die
Türkenkriege, die nach einem glimpflich ausgegangenen Vorstoß
auf Wien auf den «Türkenreichstagen» des späteren 16. Jahrhunderts zum dominanten Dauerthema wurden. Aber auch dies

war Defensivpolitik. Der Kaiser scheute nicht einmal symbolische Geldzahlungen zur Erlangung von Waffenstillständen, die der Sultan als Tributzahlungen verstehen konnte, eine erst nach dem Großen Türkenkrieg im Frieden von Zsitvatorok (1606) mit einer letzten Zahlung «ein für allemal» eingestellte Beschwichtigungspraxis. Die Reichsstände aber haben den Kaiser finanziell unterstützt. Entgegen allen Legenden über die Ineffektivität des deutschen Föderalismus war die Zahlungsmoral mit einer Quote von fast 90 Prozent für die damalige Zeit ganz erstaunlich hoch. Auf der Grundlage der Matrikularanschläge von 1521, die jeweils auf ihre Untertanen umgelegt wurden, brachten die Reichsstände mit einem eigenen Jahreshaushalt von maximal 100 000 Gulden für das Reich in einem Vierteljahrhundert 30 Millionen Gulden auf. Das war vor allem das Werk einer sich dieses Themas annehmenden Medienkampagne, die ein nicht ganz unberechtigtes Bedrohungsgefühl mit kräftig auftragender Propaganda in Flugblättern und Flugschriften wie in Predigten, Liedern und mit Türkenglocken überterritorial verbreitete und verstärkte, nun über alle Konfessionsgrenzen hinweg. Die gefährlichen osmanischen Nachbarn leisteten dem Zusammenhalt des Reiches keinen schlechten Dienst, den es aber auch durch den Aufbau einer funktionierenden Finanzverwaltung zu nutzen wußte. Der Reichspfennigmeister Zacharias Geizkofler kam aus dem Umkreis des Augsburger Handels- und Bankhauses Fugger, das für die Vorfinanzierung der erwarteten Steuereinnahmen unerläßlich war. Der kaiserlich-süddeutsche Geizkofler organisierte zusammen mit einem weiteren Reichspfennigmeister in Leipzig, dem reichsständischen Vertrauensmann Ferdinand von Loß, in Arbeitsteilung den föderalen Steuerstaat.

Die vom Augsburger Religionsfrieden gewährleistete politisch-rechtliche Koexistenz im föderalen System gab den Konfessionen nun die Sicherheit für ihren weiteren Ausbau, der sich auch zu unterschiedlichen Kulturen weitete. So wurde das evangelische Pfarrhaus durch seinen lehrhaften Habitus und ein hohes Maß an Selbstrekrutierung ein gewichtiger Faktor der Bildungsakkumulation in Deutschland bis in die Aufklärung. Auf der katholischen Seite gab die ständig nötige Nachrekrutierung des niederen Klerus aus Bürgern und Bauern soziale Mobilität und den Fürstbischöfen aus dem Reichsadel Lebens- und Wirkungsmöglichkeiten im Reich. Ein evangelischer Akzent auf der Wortkultur und ein katholischer auf der Anschauung und Magie beförderte einerseits die sich säkularisierende Wissenskultur, andererseits die Barockarchitektur und das Volksbrauchtum.

Zum spektakulärsten und handgreiflichsten Kulturdualismus wurde der Kalender. Im Jahre 1582 verkündete Papst Gregor XIII. eine Kalenderreform, um durch Überspringen von zehn Tagen und eine verbesserte Schaltjahrregelung den mittlerweile den Jahreszeiten nachhinkenden Julianischen Kalender auf den neuen – heute für alle gültigen – Stand zu bringen. Die Autorität des Papstes verbreitete den «neuen Stil» schnell im katholischen Europa, verhinderte aber gerade, daß die evangelischen Länder und Staaten ihn ebenfalls annahmen, die vielmehr für mehr als ein Jahrhundert demonstrativ beim «alten Stil» blieben. Was aber nun im föderalen und gemischtkonfessionellen Deutschland, wo jetzt Briefe früher ankommen konnten, als sie datiert waren und sich gar die Festtermine verdoppelten? Es gab einen heftigen Kalenderstreit, daneben jedoch normierende regionale Absprachen zum Beispiel über die Markttermine, und es fand sich auch hier eine Lösung nach Art des Reiches: man datierte einfach doppelt. Im interkonfessionellen Verkehr schrieb man das Datum mit Bruchstrichen: im Zähler den katholischen «neuen Stil», im Nenner den evangelischen «alten», bis der Reichstag sich im Jahre 1700 doch zur Annahme des in «Reichsstil» umbenannten neuen Stils entschloß.

5. Die Mär von der deutschen Religionskriegskatastrophe Was das Reich nicht war und sein wollte, kann man wie in einem Zerrspiegel bei dem Militär und Politiker Lazarus von Schwendi nachlesen, dessen Vorschläge zeitgenössisch Kopfschütteln auslösten, aber im tiefen 19. und 20. Jahrhundert großen Anklang fanden. Der humanistische Haudegen im Kaiserdienst plädierte, inspiriert von Sondervollmachten, die dem Kaiser in einer Notfallsituation auf Zeit übertragenen wurden, für eine generelle zentrale Monarchie mit einer starken nationalen Militärmacht.

Der Reichstag ließ diese alle föderalen und partizipatorischen Errungenschaften in humanistischer Niedergangsrhetorik abwertende Denkschrift links liegen (oder eigentlich rechts) und ging zur Tagesordnung über. Sympathischer berührt Schwendis Vorschlag in der sogenannten Freistellungsdebatte. In verschiedenen Varianten wurde gefordert, in den Geistlichen Staaten die Bekenntniswahl freizugeben, und Schwendi setzte noch drauf, daß allen in allen Territorien die Konfessionswahl überlassen werden sollte. Unter dem Begriff der Toleranz vorgetragen, scheint das geradezu auf die Aufklärung vorauszuweisen, aber da von der nun wirklich noch nichts in Sicht war, hätte angesichts der konfessionellen Intoleranz der Zeit eine solche Entmachtung der regulierenden Landeskirchen nur in französischen Verhältnissen enden können. Dieser Geisterfahrer der deutschen Geschichte hat wie viele nach ihm den Zusammenhang von föderalem System und Lösung der Konfessionsfrage schlicht nicht begriffen.

Und doch ist dieses wohlgeordnete Reich in eine der größten Katastrophen der deutschen Geschichte gestürzt. Zur Erklärung des Dreißigjährigen Krieges verweisen fehlersuchende Historiker seit jeher auf Probleme, die im Augsburger Religionsfrieden ungelöst blieben. In der Tat wurde bei dem Grundprinzip des Ius reformandi heftig diskutiert, ob es auch für reformierte Herrscher gelte und wirklich gar nicht für geistliche Staaten, und ob evangelisch werdende Herrscher auch in Zukunft Kirchengut und Klöster als Annex des Konfessionsbestimmungsrechts in Anspruch nehmen könnten wie für die Vergangenheit nachträglich zugestanden worden war. Und es kam zu spektakulären Aktionen wie der Reichsacht über Donauwörth wegen evangelischer Übergriffe, die Herzog Maximilian so gründlich besorgte, daß die evangelische Reichsstadt am Ende zur katholisch-bayerischen Landstadt wurde. Im Jülich-Klevischen Erbfolgestreit konvertierten beide konkurrierenden evangelischen Erbanwärter, um konfessionelle Unterstützung einzuwerben, der Herzog von Pfalz-Neuburg zur katholischen, der Kurfürst von Brandenburg zur reformierten Konfession. Darin sehen manche ein Vorspiel des Dreißigjährigen Krieges, das aber 1614 mit einem das Erbe aufteilenden Kompromißfrieden endete.

Und damit soll das föderale Reich nicht fertig geworden und in eine so tiefe Krise gestürzt sein, daß kein Herauskommen mehr möglich war? Nach neuerer Einsicht war das Konfliktpotential schon wieder rückläufig, konzipierten der Kaiservertreter Khlesl und der evangelische Geizkofler bereits eine Beilegung (Komposition), die schon die Religionsregelungen des Westfälischen Friedens ansteuerten, so daß der Dreißigjährige Krieg als Religionskrieg eigentlich überflüssig gewesen wäre. Der führende evange-lische Reichsstand Kursachsen lehnte denn auch beide konfessionellen Sonderbünde ab, die Religionsbeschwerden gehörten vor das Kurfürstenkolleg und den Reichstag, hieß es, wo man doch mit den katholischen Kollegen reden könne. Das gelang dann zwar noch nicht, und man ging erst einmal ohne Reichsabschied auseinander, aber das würde man heute einen Schritt in die richtige Richtung in einem fortzusetzenden Friedensprozeß nennen. Unmittelbar vor dem Krieg pries der Leiter der kursächsischen Politik, Kaspar von Schönberg, die trotz der Religionsverschiedenheiten bestehende «Harmoniam Imperii Romani», auf die ganz Europa mit Erstaunen und Bewunderung blicke. Nein, die Kriegsursachenforschung muß hier umdenken und nicht aus dem stets konfliktträchtigen Alltagsgeschäft des religionspolitischen Krisenmanagements nachträglich einen unausweichlichen Sturz in einen dreißigjährigen Krieg konstruieren. Diese größte Katastrophe der deutschen Geschichte hatte in erster Linie genuin politische Ursachen in einem Europa, das sich über seine staatliche Organisation noch nicht schlüssig geworden war.

V. Der Dreißigjährige Krieg – Europas Staatsbildungskrieg in Deutschland

Der Dreißigjährige Krieg war aus europäischer Perspektive ein *Staatsbildungskrieg*. Noch immer war nicht entschieden, welchen Weg die europäische Staatsbildung einzuschlagen hatte: den einstaatlichen oder den mehrstaatlichen. Auf der einen Seite war noch die Leitvorstellung lebendig, daß Europa von Rechts wegen eine universale politische Einheit zu bilden hatte, an deren Spitze idealerweise ein einziger Herrscher stehen sollte – aber welcher? Der Kaiser oder ein anderer Habsburger? Der französische König oder gar der schwedische König Gustav Adolf? Auf der anderen Seite suchten sich jedoch bereits partikulare Staatsbildungen von unten wie Böhmen und die Niederlande zu legitimieren und als Staaten durchzusetzen.

Das institutionalisierte Reich hatte dieses Problem eigentlich bereits auf seine Weise gelöst. Seine föderale Doppelstaatlichkeit grenzte auf der gesamtstaatlichen Ebene den kaiserlichen Universalismus räumlich ein, überwölbte aber andererseits die zugehörigen partikularen Einzelstaaten. Diese zukunftsfähige föderale Lösung, die unglaublicherweise nicht selten immer noch als eine im Staatsbildungsprozeß zurückgebliebene verkannt wird, hatte sich im 16. Jahrhundert schon bewährt. Allerdings fehlten dem vorangeeilten Reich noch stützende europäische Synergien, ja es wurden Konfliktkonstellationen importiert, die im Reich eigentlich bereits gelöst waren und sein politisches System noch einmal in Frage stellten.

Denn das Reichsoberhaupt war auch ein Habsburger, der den dynastischen Universalismus seines Hauses ins Reich trug und vor allem die universalistischen Konkurrenten dazu veranlaßte, ihn gerade hier zu bekämpfen. Und umgekehrt verwickelten sich deutsche Fürsten in den böhmischen und niederländischen Sezessionskrieg. So wurde der Krieg um die europäischen Staatsbildungen in Deutschland ausgetragen.

1. Die sezessionistischen Staatsbildungen von unten   Es begann mit zwei Staatsbildungskriegen von unten, die sich beide gegen die habsburgische Herrschaft richteten. In Böhmen übten die Stände längst eine staatsähnliche Administration über Finanzen, Heer und Kirche aus, als sie mit der wohlgeplanten Inszenierung eines symbolischen Fenstersturzes kaiserlicher Vertreter von der Prager Burg die Regierungsgewalt in aller Form übernahmen und ein Direktorium bildeten. Wie schon zuvor die Schweizer mit der ‹Confoederatio Helvetica› gründeten die Stände von

Böhmen, Mähren, Schlesien, Ober- und Niederlausitz mit der «Confoederatio Bohemica» einen Bundesstaat von damals stattlichen vier Millionen Einwohnern, der die «Entwicklungsmöglichkeiten des ständischen Staatsgedankens» (J. Bahlcke) deutlich zeigte. Und entsprechend vollzogen die Niederlande, die sich in wechselnden Sezessionen und Unionen von den spanischen Habsburgern lösten, eine partikulare Staatsgründung ständischer Herkunft. In beiden Fällen beriefen sich die Stände zunächst auf ein Widerstandsrecht, wurden darüber zu Trägern der Staatlichkeit und leisteten sich mit den Oraniern oder dem nur eine Jahreszeit regierenden «Winterkönig» Friedrich von der Pfalz ein semimonarchisches Staatsamt zur Erhöhung der einzelstaatlichen Akzeptanz und der Durchsetzungschancen in Europa.

Aber ohne Krieg war die Sezession von der habsburgischen Universaldynastie nicht zu haben, der Preis der Staatsbildung war der Staatsbildungskrieg um ihre Anerkennung – mit unterschiedlichem Ausgang. Die den Dreißigjährigen Krieg auslösende Böhmische Erhebung scheiterte bereits 1620 mit der verlorenen Schlacht am Weißen Berg; viele der verhinderten Staatsgründer wurden hingerichtet, und das mißlungene Experiment ging als «Aufstand» oder «Rebellion» in die Geschichte ein. Die Niederlande aber, deren bereits im 16. Jahrhundert erfolgreich begonnener achtzigjähriger Staatsbildungskrieg als «Freiheitskampf» oder «Unabhängigkeitskrieg» überliefert ist, setzten nach Ablauf eines Waffenstillstands im folgenden Jahr 1621 den Krieg gegen die Habsburger fort, und wurden, unter Einsatz ihrer europäischen und weltweiten Wirtschaftskraft, zu einem Zentrum des antihabsburgischen Lagers.

Diese eigentlich aus der Peripherie des Reiches kommenden Konflikte waren aber so mit anderen Konstellationen verknüpft, daß das Reich in den Krieg hineingezogen wurde. Der Habsburger Ferdinand II. war kaum von den böhmischen Ständen abgesetzt, als er in Frankfurt zum neuen Kaiser gewählt wurde, so daß aus der habsburgisch-böhmischen Angelegenheit eine deutsche wurde. Der habsburgische Kaiser konnte sich nicht nur auf die spanische Linie stützen, sondern fand zudem im evangelischen Kurfürsten Johann Georg von Sachsen und in Herzog Maximi-

lian von Bayern Verbündete, die nicht nur die böhmische Staatsbildung zerschlugen, sondern den schnell besiegten Friedrich von
der Pfalz quer durch Deutschland bis in sein Stammland verfolgten. Für ihre Kaisertreue erhielten Kursachsen die Lausitzen
und Maximilian die Kurwürde des abgesetzten Pfalzgrafen. Der
glücklose Friedrich von der Pfalz aber floh in die Niederlande.

In den Niederlanden hatte der fortgesetzte Sezessionskrieg
gegen die spanischen Habsburger im «Wunderjahr» 1625 eine
günstige Wendung genommen, aber bedrohlich erschienen die
Erfolge des habsburgischen Kaisers, gestützt auf den Ligafeld-
herren Tilly und bald auch auf ein kaiserliches Heer, das von
dem zum Kriegsunternehmer aufgestiegenen mährischen Adeligen Wallenstein organisiert worden war. Darum finanzierten
die reichen niederländischen Provinzen dem ehrgeizigen Dänen-
könig Friedrich IV., der als Herzog von Holstein und Oberst des
Niedersächsischen Reichskreises einen Fuß im Reich hatte, einen
Kriegszug. Der aber scheiterte, der Krieg kam mit dem Frieden
von Lübeck 1629 zum Erliegen und fast ganz Norddeutschland
stand unter dem Einfluß des Kaisers, der den Krieg gewonnen zu
haben schien. Die damit erlangte Machtfülle des habsburgischen
Kaisertums aber drohte das Verfassungsgleichgewicht zwischen
Reichsoberhaupt und Fürstenstaaten noch einmal zur Disposition zu stellen. Mit Blick auf das dank Wallenstein starke kaiserliche Heer haben manche Forscher sogar eine Wende zu einem
«Reichsabsolutismus» des Kaisers für möglich gehalten. Doch
die Kurfürsten erkannten die Gefahr, und es war des Kaisers Verbündeter Maximilian von Bayern, der die Abberufung Wallen-
steins erzwang und auf einem Kurfürstentag die föderalen Ver-
fassungsgrundlagen sicherte. So war militärisch wie politisch alles
geregelt und der Krieg schien zu Ende zu sein.

2. Der Kampf der Universalmächte   Nun aber rückte der Konflikt der Universalmächte, der in verdeckter Form schon von Anfang an und in offener Form auch in einem Erbfolgekrieg um
Mantua zwischen einer habsburgischen und einer französischen
Partei mitgespielt hatte, in den Vordergrund. Im Jahre 1630 landete der Schwedenkönig Gustav Adolf mit einem kleinen, aber

wohlgerüsteten Heer an der deutschen Ostseeküste und begann
mit französischen Subsidien einen beispiellosen Siegeszug. Für
das dem Kaiser widerstehende und von Tilly belagerte Magdeburg, das auf seine Befreiung durch Gustav Adolf hoffte, kam er
zu spät, um eine der größten Katastrophen des Krieges, die fast
völlige Zerstörung der Stadt, zu verhindern, aber nach einem tri-
umphalen Schlachtensieg in Breitenfeld bei Leipzig stand ihm
ganz Deutschland offen. Aber was wollte er hier eigentlich?

Weder eine von der älteren schwedischen Forschung unterstellte defensive nationale Sicherheitspolitik noch allein schwedische Ostseeinteressen vermögen politisch zu erklären, was
Gustav Adolf an Rhein und Donau suchte, wohl aber paß-
ten diese Kriegszüge im Stil eines neuen Völkerwanderungsherr-
schers zum schwedischen Gotenkult, dessen politische Relevanz
zunehmend erkannt wird. Denn unter Gustav Adolf, der «Rex
Gothorum» im Titel führte, wurde der Großgotizismus (störgö-
ticism) geradezu zur Staatsideologie, und aus dieser Abstam-
mung von den gotischen Erben des Römischen Reiches läßt sich
zusammen mit anderen mythisch-apokalyptischen Konstruktio-
nen auch der von vielen Historikern seit jeher für wahrscheinlich
gehaltene Griff nach dem universalen Kaisertum verstehen. Bevor aber die Absichten Gustav Adolfs in Deutschland offenbar
werden konnten, hatte der Kaiser Wallenstein wieder berufen,
und gegen diesen ebenbürtigen Gegner verlor der Kriegsheld
wiederum in der Leipziger Tiefebene bei Lützen (1631) nicht die
Schlacht, aber das Leben. Der schwedische Reichskanzler Axel
Oxenstierna suchte möglichst viel von den schwedischen Erfol-
gen zu retten.

Das aber war nun die große Stunde für die Habsburger und
ihren Universalismus. Zunächst entledigte sich der Kaiser Wal-
lensteins, der nach einem Wiener Hochverratsprozeß wegen ver-
dächtiger Eigenmächtigkeiten in Eger einem Anschlag auf sein
Leben zum Opfer fiel, übernahm sein Heer und stärkte so seine
Position. Nun kam der dynastische Universalismus zwischen
spanischer und deutscher Linie voll zum Tragen. Die gemeinsame Frontstellung gegen ihre jeweils abtrünnigen Länder hatte
sich trotz mancher Reibungsverluste der Koalitionskriegsfüh-

rung schon seit den spanischen Hilfsleistungen in Böhmen bewährt, und unter dem Schlagwort der «Zwei Ferdinande» (der
Kaiser und der spanische Infant) vertrieb die vereinigte habsburgische Militärmacht die Schweden in der Entscheidungsschlacht
von Nördlingen (1634) aus Süddeutschland.

In diesem ganzen Schwedischen Krieg war das Reich in eine
gefährliche Situation geraten. In der Bedrohungssituation und
unter dem Druck der Besatzungsmacht sahen einzelne Territorien wie Hessen-Kassel und Kurbrandenburg, am Ende auch
Kursachsen, keine andere Möglichkeit mehr, als sich auf eigene
Rechnung durch den Krieg zu schlagen und Abkommen und
Bündnisse mit den Schweden und später anderen Interventions-
mächten zu schließen. In den Schwedenbündnissen der deutschen Landesstaaten wurde der verfassungsrechtliche Treuevor-
behalt gegenüber Kaiser und Reich oft bereits fallengelassen
oder durch Gegenklauseln entwertet, was den Reichszusammen-
halt in Frage stellte. Das hätte zu dauerhaften Sezessionen und
europäischen Einzelstaatsbildungen wie in den ehedem ebenfalls
zum Reich gehörenden Niederlanden führen können. Oxenstierna brachte im Heilbronner Bund 1633 sogar einen Sonder-
bund unter schwedischem Protektorat zustande, der bei einem
anderen Kriegsausgang vielleicht zu einer Art Schwedischem
Reich deutscher Nation hätte führen können.

Aber mit dem kaiserlich-habsburgischen Sieg besannen sich
die vom schwedischen Druck befreiten Reichsstände eines Besseren und kehrten mit einem nun auch entgegenkommenderen
Kaiser zu den Grundlagen des Reichssystems zurück. Im Prager
Frieden von 1635 gaben Kaiser und Kursachsen das Signal für
diese Wende, der sich fast alle anderen Reichsstände anschlos-
sen. Der Friedensschluß nahm mit einer etwas akzentuierteren
Kaiserstellung die Verfassungsordnung des Westfälischen Friedens vorweg, hob alle Sonderbünde auf und verpflichtete in
reichspatriotischen Tönen alle Reichsglieder dazu, solidarisch
zusammenzustehen und «nicht zu ruhen und zu rasten bis die
Feinde aus teutschen Landen vertrieben» seien. Das würde noch
ein gutes Stück Arbeit werden, zumal die Schweden in der
Schlacht von Wittstock 1636 dann doch das besetzte Nord-

deutschland behaupten konnten, aber der innere Frieden im Reich war wiederhergestellt.

Da griff Frankreich offen in den Krieg ein. Der Kardinalpremier Richelieu wollte seinen Monarchen in den fast gleichen Worten wie Spaniens Premier Olivares den seinen als «höchstes Haupt auf Erden» anerkannt sehen und hatte schon zuvor die Gegner der universalistischen Konkurrenten mit Geheimdiplomatie und Geld unterstützt. Unter dem Eindruck von Nördlingen und des Friedens von Prag, in dem sich das Reich geschlossen hinter den Kaiser stellte, war damit aber auch die habsburgische Universalmacht so gestärkt worden, daß Frankreich erst mit Leihtruppen und bald auch mit eigenen Heeren in Deutschland eindrang. So kämpften denn auf dem deutschen Kriegsschauplatz die Heere der Spanier, der Schweden und nun auch noch der Franzosen um die Spitzenstellung in Europa, aber keiner konnte das Übergewicht erlangen. Wie sollte das enden? Schon diese rein politische Hauptperspektive schien in eine für Deutschland ausweglose Situation zu führen.

3. Die Religion als Hauptnebenkonflikt und der Medienkrieg

In diesen Konflikt um den rechten Weg der Staatsbildung nämlich verwickelten sich eine ganze Reihe von Nebenkonflikten: Erbfolgekriege, Territorialabgrenzungen, Handelsinteressen, demographische Probleme, eine militärische Eigendynamik und anderes mehr. Der wichtigste war noch einmal die Religion – sie war keinesfalls der Hauptkonflikt, wohl aber der «Hauptnebenkonflikt» (J. B.). Denn nicht allein die politische Konfliktkonstellation des außerhalb des Reichs noch unentschiedenen Europas über den rechten Weg der Staatsbildung destabilisierte das Reich, sondern auch eine verschärfte Intoleranz durch die militanten europäischen Aktionsparteien der «calvinistischen Internationale» (H. Schilling) und die sich in den Dienst des Papstes stellenden Jesuiten. Mit den Interpretationsproblemen des Augsburger Religionsfriedens wären die reichstreuen evangelischen Reichsstände und die reichsnahen Fürstbischöfe schon fertig geworden, aber der nicht nur politische, sondern auch religiöse Druck trug eine neue Militanz ins Reich und brach die hier bereits gelösten

Probleme wieder auf. Zwar führte kein einziger der konfessions-
politischen Vorkonflikte direkt in den Krieg, und der religiöse
Anteil der Böhmischen Erhebung betraf das Reichsreligionsrecht
gar nicht, weil weder in einem habsburgisch-königlichen, noch
in einem unabhängigen Böhmen die Regelungen des Augsburger
Religionsfriedens galten, aber es kam noch eine hausgemachte
Konfliktverschärfung hinzu: die in der deutschen Tradition gut
aufgestellten kriegstreibenden und kriegsverlängernden Medien.

Der Dreißigjährige Krieg war wie kein zweiter ein Flugblatt-
krieg, in dem die in der frühen Reformationszeit aufgekommenen
Einblattdrucke mit schlagkräftigen Bild-Text-Kombinationen ihren Höhepunkt erreichten. Diese Bildpublizistik, die einer neu-
gierigen Öffentlichkeit teils heroisierend, teils satirisch das Personal und die Spektakel des Krieges vorführte, griff mit Vorliebe
auf die eingängige Reformationspolemik des Genres zurück und
übertrug sie auf die aktuellen Ereignisse. Da sieht man auf evangelischen Blättern Papstsatiren oder nunmehr die Jesuiten aus-
schwärmen wie die Heuschrecken, auf Kanonen sitzen oder als
apokalyptische Monster auftreten oder aber Gustav Adolf als
Glaubenshelden und gottgesandten Retter vom evangelischen
Deutschland begrüßt und auf seinem Siegeslauf bejubelt. Umgekehrt wird die Flucht des böhmischen «Winterkönigs» in einer
Serie von Blättern verspottet und werden die Reformatoren im
Bilde gleich noch einmal mitvertrieben. Auch die Sensationsbe-
richterstattung um die Zerstörung Magdeburgs wurde in Flugblättern wie in Gedichten und Liedern multimedial konfessionell aufbereitet. «Geistlicher Rauffhandel», heißt denn auch ein
Flugblatt, auf dem Papst, Luther und Calvin miteinander ringen,
und das im Jahr 1617 wie eine Einleitung zu dieser publizistischen Lesart des Krieges wirkt. Die Macht der Bilder hat sicher
phasenweise kriegstreibend und kriegsverlängernd gewirkt, aber
im 19. Jahrhundert liebevoll gesammelt und immer wieder nach-
gedruckt, hat sie zudem bis heute das Bild des Dreißigjährigen
Krieges als eines Religionskrieges einseitig überformt. Diese auf
den Religionskrieg fixierte Pressekampagne aber wurde durch
ein fast unglaubliches Spiel des Zufalls begünstigt, das erst jüngst
in seiner Bedeutung entdeckt wurde.

Der Dreißigjährige Krieg nämlich begann fast exakt 100 Jahre nach der Thesenaufstellung Martin Luthers im Jahre 1517, die Ende Oktober 1617 im evangelischen und auch im reformierten Deutschland erstmals mit mehrtägigen Feierlichkeiten als großes Reformationsjubiläum begangen wurde. Das war im signalgebenden Kursachsen eher defensiv als ein stabilisierendes Identitätsfest des konfessionellen Fürstenstaates und der erfolgreichen Konfessionsbildung gemeint, aber es wirkte auf katholischer Seite als eine ungeheuerliche Provokation. Denn ein «Jubiläum» auszuschreiben war Sache des Papstes, zunächst alle 100 Jahre, dann häufiger, und das Wichtigste daran war der zu diesem Termin zu gewinnende Ablaß – jetzt aber schrieben die Evangelischen ein «Pseudojubiläum» aus, wie es sofort hieß, ausgerechnet auf die Symboltat Luthers gegen den Ablaß! Ein römisches Sonderjubiläum 1617 wurde denn gleich prompt als ein Gegenjubiläum zur Abschaffung der ‹Ketzereien› verstanden, und nichts als ein solches kontradiktorisches Doppeljubiläum konnte geeigneter sein, die ganze Reformations- und Konfessionsgeschichte noch einmal militant durchzuspielen. So ging dem Fenstersturz im Frühjahr 1618 wenige Monate zuvor eine publizistische Mobilmachung voran.

Noch erstaunlicher aber ist die Duplizität der Ereignisse beim nächsten großen Jubiläum, dem Säkularjubiläum der Augsburgischen Konfession. In offenbar sorgfältiger Inszenierung landete nämlich Gustav Adolf, der sich in Schweden mit großer Rhetorik als neuer Völkerwanderungskönig der Goten eingeschifft hatte, ausgerechnet zum Konfessionsjubiläum von 1630 an der deutschen Ostseeküste, was der evangelischen Propaganda ihren «Retter» in der Bedrohung auch des konfessionellen Gleichgewichts durch den Kaiser bescherte. Denn die evangelischen Reichsfürsten, die den Schwedenkönig nicht gerufen hatten, sahen sich nun durch eine neue konfessionelle Flugblattoffensive von der öffentlichen Meinung unter Druck gesetzt, sich ihm anzuschließen. Bisher sei es kein «Religionskrieg» gewesen, begründete der Kurfürst von Sachsen seinen Bündniswechsel, jetzt aber sei es einer geworden. Kriegstreibende Wirkungen von Jubiläen hat es fortan auch in anderen Kriegen gegeben; hier kam hinzu, daß der zweimalige Rückbezug auf die Reformationsgeschichte speziell die konfessionelle Lesart des Krieges begünstigt hat.

So haben ein exogener konfessioneller Aktionismus und ein jubiläumsgestützter Medienkrieg zur konfessionellen Mobilmachung von 1618 und zur Remobilisierung von 1630 beigetragen und den in Deutschland historisch scheinbar bereits überwundenen Religionskrieg phasenweise noch einmal wieder aufleben lassen. In der päpstlichen Diplomatie wurde schon damals der Begriff «guerra di religione» gern gebraucht, im Reich zumindest zurückhaltend umschrieben. Besonders Papst Gregor XV. hat den Krieg explizit als Religionskrieg «zur Wiederherstellung der katholischen Religion in Deutschland» aufgefaßt und mitfinanziert, und das mit einer an den «Heiligen Krieg» gemahnenden Rhetorik. Das war eine im Europa der Zeit geläufige, aber der Reichstradition und selbst der Propaganda völlig fremde Konfliktoptik, die jedoch zeitweise auch Kaiser Ferdinand II. beeinflußt zu haben scheint. Auf dem Höhepunkt seiner politischen Machtstellung und einer Prozeßwelle vor dem kaiserlichen Gericht autorisierte er mit dem Restitutionsedikt die katholische Auslegung des Augsburger Religionsfriedens, die zu einer «Rückgabe» von säkularisierten Klöstern und Bistümern führte, und stellte damit sein konfessionspolitisches Engagement über die von seinem Kaiseramt gebotene Ausgleichsfunktion im Reich. Auf der anderen Seite widerrief der Kaiser den Augsburgischen Religionsfrieden nicht etwa, wie man in Rom erhofft hatte, sondern reklamierte in einem strittigen Punkt eine Auslegungskompetenz als Reichsoberhaupt für sich und bestätigte ihn damit doch als gültig. Und so stößt auch die ganze Religionskriegslesart an politische Grenzen.

Von Anfang an standen sich nicht zwei, sondern drei Konfessionen gegenüber, was verschiedene Bündnismöglichkeiten zuließ oder eigentlich die gemäßigte Mittelpartei der reichstreuen Lutheraner vor der Qual der Wahl zwischen der calvinistischen und der römischen Extrempartei stellte. Die gegen katholische Übergriffe gegründete Union, die aus evangelisch-lutherischen und reformiert-calvinistischen Reichsständen bestand, fiel gleich zu Beginn des Krieges auseinander. Die erst 1619 reorganisierte katholische Liga Maximilians von Bayern mit einer Reihe geistlicher Reichsstände war eine einige Jahre politisch erfolgreiche ad-hoc-Gründung, die aber nicht zur Institution wurde und schon vor ihrem formellen Ende 1635 ihre Bedeutung verlor. Selbst der dem protestantischen Deutschland als Retter empfohlene Gustav Adolf hat in seinem die Intervention legitimierenden Kriegsmanifest die bündnispolitisch heikle Religion mit keinem Wort erwähnt. Das Eingreifen Frankreichs auf der konfessionell falschen Seite im Bunde mit dem evangelischen Schweden gegen die katholische habsburgische Vormacht gilt klassisch als Wende des Krieges zu einem rein politischen europäischen Konflikt, aber hier wurde nur offenkundig, was von Anfang an galt: Vor allem im Reich selbst war das politische Verhaltensspektrum weit vielfältiger. So erklärte das keinem der konfessionellen Lager angeschlossene Kursachsen die böhmische Erhebung explizit zu einer rein politischen Angelegenheit und wirkte mit einer ausgleichenden Bündnis- oder Neutralitätspolitik.

4. Stehenbleibende Heere und Überlebensstrategien Wie kann eine Kultur überhaupt dreißig Jahre lang Krieg führen? Zu Recht haben einige Forscher auf den makabren Umstand hingewiesen, daß der durch eine lange mitteleuropäische Friedenswirtschaft und eine prosperierende Agrarkonjunktur des 16. Jahrhunderts angesammelte Reichtum groß gewesen sein muß, wenn die Gesellschaft sich einen solchen Krieg überhaupt leisten konnte, ohne darin unterzugehen. Immer mehr wurde es dann jedoch auch ein Verteilungskampf um die letzten Ressourcen. Die Eigenmittel der Kriegführenden und Betroffenen waren begrenzt und mußten durch Fremdfinanzierung von außen, den «Subsidien» genannten Geldtransfers aus Rom und Spanien für die eine Seite oder aus den Niederlanden oder Frankreich für die andere ergänzt werden, oder aber «Kontributionen» und weitere Zwangsmittel wurden von der Armee selbst aus dem Land beigetrieben, in dem sie gerade stand. Eine besondere Rolle spielte der Krieg auf Kredit: Obristen und Generäle finanzierten als Kriegsunternehmer Regimenter vor und übernahmen Anwer-

bung und Finanzierung von Söldnern, und wenn der Sold des legitimen Kriegsherren danach ausblieb, boten Beute und Sach-
werte Ersatz mit Zinsen. Der größte oberkommandierende
Kriegsunternehmer war Albrecht von Wallenstein selbst, der den
ganzen Sold systematisch über Kontributionen eintrieb. Ein großes Spektakel war die wunderbare Geldvermehrung in der nach
Praktiken der Münzverschlechterung benannten «Kipper- und
Wipperzeit». Diese Entlastung des Militärbudgets wurde jedoch
von einer wachsamen deutschen Presse schnell aufgedeckt und
überwunden.

All das verweist bereits auf neue Formen der Militärorgani-
sation, die international als «Military Revolution» und speziell
für die Niederlande als «Oranische Heeresreform» gehandelt
wird. Zum einen wurden immer größere Armeen aufgestellt, ursprünglich waren es einige 10 000 Mann, aber im Dreißigjährigen Krieg unterhielten die größeren Mächte 100 000 Mann und
mehr: Schweden landete mit 15 000 Mann an der Ostseeküste
und hatte am Ende 140 000 Mann in Deutschland stehen. Dazu
kam eine systematische Ausbildung durch Drill, Exerzieren und
eine Kommandosprache, was zum Kennzeichen des Militärischen wurde und den sich durchsetzenden Feuerwaffen erst ihre
überlegene Wirkung gab. Grundlegend aber war ein Wandel der
Heeresorganisation selbst. In Deutschland kamen zwar auch
noch die zur Verteidigung ausreichenden Milizen oder Landes-
defensionen zum Einsatz, aber immer stärker übten nun ange-
worbene Söldner ihr «Kriegshandwerk» aus, die in dieser Zeit
als «Landsknechte» oder «Kriegsknechte» oder «Kriegsvolk»
bezeichnet wurden. In diesem «stehenden teutschen Krieg» wurden sie im Winter und bald überhaupt nicht mehr entlassen, wie
schon 1631 in einer Flugschrift festgestellt wurde, sondern konnten von ihren Arbeitgebern im Obristenrang wie Wallenstein in
verschiedenen Konstellationen eingesetzt werden. Mit der Ab-
setzung, Ächtung und Tötung dieses oft störrischen «Reichs-
rebellen» im Auftrage des Kaisers aber wurde sein Heer jetzt
gleichsam verstaatlicht, wenn das nicht sogar der Sinn der Sache
war. So sind die vielzitierten stehenden Heere der nachfolgenden
Epoche, in denen sich der Herrscher an die Stelle des Kriegs-

unternehmers setzte, oft sogar ganz konkret «stehengebliebene Heere» (J. B.).

Welche Auswirkungen aber hatte ein Krieg, in dessen Verlauf insgesamt eine Million Menschen unter Waffen gestanden haben? Die Bevölkerungseinbuße war gewaltig, und die Zahl der deutschen Einwohner sank von etwa 17 Millionen auf 11 Millionen. Es gab zwar «Schongebiete» im Nordwesten und im Südosten, aber auch eine «Zerstörungsdiagonale» von Pommern und Mecklenburg über thüringische und sächsische Lande bis in die pfälzisch-schwäbischen Gebiete im Südwesten, die alle mehr als die Hälfte ihrer Einwohner verloren. Dieser Befund von Günther Franz ist bereits 1940 mit methodologisch unzureichenden Mitteln aus der landesgeschichtlichen Literatur gewonnen worden, noch dazu von einem politisch belasteten Autor, aber er ist leider trotzdem richtig und nach modernen Überprüfungen in der Reichweite der Mortalität eher noch zu verstärken. Ebenso verfehlt sind pauschale Zweifel an der Aussagekraft der überreichen Schreckensmeldungen in Tagebucheintragungen, Schadensaufstellungen und Totenlisten. Wenn Menschen mit überliefertem Namen und Familienstand als totgeschlagen, vergewaltigt oder an den Geschlechtsteilen aufgehängt gemeldet werden, dann war das kein Konstrukt. Entscheidend für die demographische Katastrophe aber waren nicht Schreckenstaten, sondern die unheilige Dreifaltigkeit von Gewalt, Hunger und Seuchen. So war es die Kriegsgewalt, von der der tödliche Kreislauf ausging, denn wenn die ohnehin knappen Ressourcen für die Kriegsführung requiriert wurden, löste das eine Nahrungskrise aus und machte für Infektionskrankheiten anfällig. Die umherziehenden Heere trugen zu ihrer Verbreitung bei. Und die Hungerkatastrophe verschärfte wiederum die Gewaltbereitschaft der um die letzten Nahrungsreserven konkurrierenden zivilen und militärischen Gruppen. Denn auch und gerade die «Soldateska» gehörte zu den Opfern – nur jeder zehnte schwedische Soldat kehrte in seine Heimat zurück, und ein Soldat überlebte nur durchschnittlich drei Kriegsjahre. Dabei starben drei von vieren nicht im Kampf, sondern an Entkräftung, Hunger oder Krankheit. So war es ein vielfältig von Kriegsgewalt induziertes kulturgefährdendes Bedrohungssystem, das schon von zeitgenössischen Chronisten registriert wurde.

Der Krieg wurde einerseits als ein noch nie dagewesenes negatives Ausnahmeereignis wahrgenommen, das die noch traditionelle Alltagserfahrung, ja das ganze damals noch weitgehend statische Welt- und Geschichtsbild nachhaltig erschütterte, nach dem Zeugnis vieler Klagen gleichsam ein «Störfall frühneuzeitlicher Geschichtserfahrung» (J. B.). Andererseits bot die verbreitete religiöse Deutung des Krieges als eines «Strafgerichtes Gottes» (Hg. Tübinger Sonderforschungsbereich) für die großen Sünden der Menschen eine religiöse Erklärungs- und Bewältigungshilfe in Form von Bußpredigten und -ritualen. In der ungebrochenen Religiosität der Zeit konnten Menschen in den Schrecken des Krieges und bei der individuellen Trauerarbeit Trost finden.

Ebenfalls besonderes Interesse finden heute aber auch die unglaubliche Lebensenergie und die bemerkenswert sozial ausgerichteten Überlebensstrategien, mit denen es gelang, einen völligen Kulturbruch aufzuhalten. Entgegen populären Vermutungen vom Zerfall aller Bindungen blieben die solidarischen Sozialeinheiten von Haus, Familie und Gemeinde erstaunlich stabil und restituierbar. Die Amtssitze der Grund- und Territorialherren, die Klöster und Städte öffneten solidarisch ihre Tore für die «Einflucht» der Untertanen und Nachbarn in Kriegsnot hinter sicheren Mauern und die Rettung der überlebenswichtigen Vorräte. Selbst zwischen Militär- und Zivilbevölkerung entwickelten sich soziale Beziehungen und Kooperationsformen: Die bekannteste war die Salva Guardia, ein Schutzbrief gegen Gebühr oder eine Wache, die der Bevölkerung Sicherheit, den eingesetzten Söldnern aber eine Versorgungschance bot.

Je länger der Krieg währte, desto stärker war man auch auf interkonfessionelle Kommunikation und Kooperation angewiesen, zum Beispiel in der wechselseitigen nachbarschaftlichen Frühwarnung vor durchziehenden Heeren und in der zunehmend die Konfessionsgrenzen überwindenden Einfluchtpraxis, die jenes Nebeneinander der Konfessionen einübte, das dann politisch-rechtlich reguliert wurde. So zeichneten sich doch inmitten der Katastrophe in den kleinen sozialen Einheiten von

unten, zwischen den konfliktträchtigen Gruppen um Konfession
und Militär und in bewährten regionalen Ordnungsstrukturen
wie den wiederbelebten Reichskreisen Wege ab, die schließlich
aus diesem nicht enden wollenden Krieg herausführten.

VI. Der Westfälische Friede – die Vollendung der föderalen Reichsverfassung

Der Westfälische Friede, der diese dreißigjährige Kriegskatastrophe doch noch beendete, gehört zu den größten ordnungs-
politischen Leistungen der europäischen wie der deutschen Geschichte. Vier Jahre lang hatten bis zu 82 Gesandtschaften im dafür neutralisierten Münster und Osnabrück verhandelt, während
man rundum den Krieg in aller Härte fortsetzte, um ihn vielleicht
doch noch zu gewinnen. Neutralitätskonventionen und Sonder-
friedensschlüsse einzelner Reichsstände wie die des sächsischen
Kurfürsten mit den Schweden in Kötzschenbroda bei Dresden
(1645) wiesen den Weg. Die am 24. Oktober 1648 abgeschlosse-
nen Friedensverträge waren große konzeptionelle Leistungen, die
das unlösbar scheinende Konfliktbündel überwanden und eine
nachhaltige Wirkung entwickelten: für Europa die Errichtung des
Staatensystems, für die deutsche Geschichte aber die Vollendung
der Reichsverfassung und die Abschaffung des Religionskriegs.

1. Staatensystem und Territorialbestimmungen   Was Europa
angeht, so konnte niemand mehr das universalistische Erbe
allein antreten, eine klare Spitzen- oder Vorrangstellung errin-
gen oder gar den Kontinent als einen einzigen Staat organisieren.
Alle mußten erkennen, daß die Mehrstaatlichkeit nicht «Anar-
chie» oder eine zu beseitigende politische Fehlform war, sondern
die künftige politische Ordnung sein würde. Mit diesem völ-
kerrechtlichen Modellwechsel zu einem Nebeneinander gleichberechtigter Staaten mittlerer Größenordnung als der legitimen
Organisation Europas gelang es auf dem Westfälischen Frie-

denskongreß, den Staatsbildungskrieg zu beenden. Die ehemaligen Universalkonkurrenten selbst waren die vertragsschließen-
den Partner oder Kontrahenten, die ihre Ansprüche reduzierten
und sich in den ausgefeilten parallelen Stilisierungen der Friedensverträge auf ewig gegenseitig als gleichberechtigte Souveräne anerkannten: der Kaiser und der französische König im
Vertrag von Münster, dem Instrumentum Pacis Monasteriense
(IPM), der Kaiser und die schwedische Krone hingegen im Vertrag
zu Osnabrück, Instrumentum Pacis Osnabrugense (IPO). Gewonnen hat den Krieg niemand: Die Kaiserstellung war gegenüber den anderen Kronen weitgehend eingeebnet, in der Bildpublizistik des Friedens gern als Kleeblatt oder mit anderen
Dreieckskonstruktionen oder auch als ein Mächtegespann ver-
anschaulicht, und zugleich war damit der seit den Zeiten Karls V.
bestehende gesamthabsburgische Universalverband aufgelöst,
denn nur der Kaiser, nicht schon Spanien schloß mit Frankreich
Frieden. Doch auch die andere Seite hat nicht gesiegt, Frankreich und Schweden mußten fast alle Eroberungen im Reich
wieder zurückgeben und ihre Garnisonen räumen – Frankreich
begnügte sich mit einigen Abtretungen im elsässisch-lothrin-
gischen Raum und verklausulierten Rechtstiteln über 10 elsäs-
sische Reichsstädte, die erst später von Ludwig XIV. zu einem
expansiven französischen Revisionismus genutzt wurden, und
Schweden mit einer Reihe von Küstengebieten an den Flußmün-
dungen von Oder, Elbe und Weser (u. a. Vorpommern und Bistum Bremen), die nicht einmal wirklich abgetreten, sondern
unter Eintritt Schwedens in die Reichsstandschaft einige Generationen lang schwedisch verwaltet wurden. Innerhalb Deutschlands vergrößerten sich ebenfalls einige Fürsten gegenüber dem
Vorkriegszustand – Kurbayern um die Oberpfalz, Kursachsen
um die Lausitzen und Kurbrandenburg um das säkularisierte
Bistum Magdeburg (ab 1635) –, blieben aber Reichsglieder. Die
Kurpfalz wurde mit einer achten Kurstimme restituiert, und
auch die meisten geistlichen Reichsstaaten blieben erhalten.
    Auf der anderen Seite wurden nun auch die erfolgreichen der
aus ständischer Wurzel von unten aufgestiegenen sezessionistischen Einzelstaaten anerkannt und als prinzipiell gleichberechtigt

behandelt – allen voran die aus dem habsburgischen Herrschaftsverband wie dem Reich ausgescherten Niederlande, die einen eigenen Friedensvertrag mit Spanien bekamen und so ihre souveräne europäische Stellung dokumentierten; nicht ganz so eindeutig und formvollendet ebenfalls die Schweiz (IPO VI). Der Friedenskongreß von 1648 setzte mit der Institutionalisierung eines Nebeneinanders gleichberechtigter Mächte ein neues Ordnungsideal durch, das durch eine entsprechende völkerrechtliche Norm- und Theoriebildung gestützt wurde und schon das künftige Staatensystem als politische Grundordnung Europas erkennen ließ.

2. Der institutionelle Ausbau der doppelten Staatlichkeit im Reich Die Wiederherstellung des Friedens im Reich aber folgte nunmehr endgültig dem föderalen Bauprinzip der Staatsbildung. Der Kaiser und die Reichsstände, die sich Zugang zu den westfälischen Friedensverhandlungen verschafft hatten und sich in großer Zahl in Westfalen versammelten, kodifizierten das politische System, das bereits gesamtstaatliche und einzelstaatliche Elemente vereinte, und schufen die Voraussetzung, den Staat auf beiden kommunizierenden Verfassungsebenen auszubauen. Auf der unteren Ebene hatten sich die einzelnen deutschen Landesstaaten recht selbständig durch den Krieg geschlagen und ließen sich ihre je eigene Landesherrschaft noch einmal in einem Vertragsartikel ausdrücklich bestätigen (IPO VIII). Aber das französische Angebot, «souverän» zu werden, nahmen sie nicht an, und die als Vertragsbegriff gehandelte «Superioritas» kommt im Verfassungsartikel überhaupt nicht vor. Das Bündnisrecht auch mit Auswärtigen war im Prager Frieden zur Vertreibung der Fremdmächte aufgehoben worden und wurde nun lediglich wiederhergestellt. Es ist kein Souveränitätskennzeichen, sondern eine Fortschreibung des traditionellen reichsständischen Einungsrechtes, bei dem die Kurfürsten auf der einschneidenden Einschränkung bestanden, daß es sich nicht gegen Kaiser und Reich richten, also Reichszugehörigkeit und Reichspflichten nicht beeinträchtigen dürfte. Überwölbt aber wurde die Selbstverwaltung der Länder durch eine gesamtstaatliche Ebene, auf der einige der Institutionen schon mitten im Krieg ihre Arbeit wieder

aufzunehmen gesucht hatten, und die nun noch als Verfassungs-
einrichtung festgeschrieben und weiter ausgebaut wurden: Allen
voran der Reichstag, in dessen Verhandlungsformen bereits die
reichsständischen Gesandten am Friedenskongreß tagten, und
dem in diesem zentralen Artikel VIII die Entscheidungsgewalt
über Krieg und Frieden und die oberste Verfassungskompetenz
zugesprochen wurde.

Ebenso hatten sich auch einige der Reichskreise schon im
Krieg bewährt und versucht, aus eigener Kraft die Ordnung und
Sicherheit in ihrer Region aufrechtzuerhalten. Diese wichtige
Zwischenebene zwischen Gesamtreich und Einzelherrschaften
wurde in die Verfassung ausdrücklich reintegriert. Die Reichskreise übernahmen fortan neue Schlüsselfunktionen in der föderalen Neuorganisation der Reichsverteidigung (siehe Kap. VII).
Andererseits wurden sie in den Regionen ohne geschlossene Territorien zu gleichsam korporativ entscheidenden Landesstaaten
über den Herrschaften, die nach dem Zeugnis einer regalme-
terfüllenden archivalischen Überlieferung selbst immer mehr
Staatsaufgaben wie Münzaufsicht, Seuchenbekämpfung und
Straßenbau übernahmen.

Aber auch die für Rechtssicherheit und Rechtsstaatlichkeit
sorgende Höchstgerichtsbarkeit sollte in ihren Formen wiederhergestellt und arbeitsfähig erneuert werden, was mit reformierten Gerichtsordnungen schon 1654 gelang. Die Kritik an Unter-
besetzung, Langsamkeit und fehlenden Endurteilen der höchsten
Gerichte ist oft wenig berechtigt und übersieht, daß es darum
gar nicht primär ging, sondern um die Aufrechterhaltung des inneren Friedens durch den Verhandlungen, Ortstermine und Ver-
gleiche einschließenden Rechtsweg. Die hohe Qualifikation und
Professionalität der Richter, die für das ganze Reich modellhaft
Recht setzten und oft auch publizierten, wurde zur Grundlage
der ganzen deutschen Rechtskultur.

Im Verfassungsartikel nicht erwähnt ist hingegen das Reichsoberhaupt. Nach neuerer Einsicht heißt das gerade nicht, daß der
Kaiser künftig «ohnmächtig» gewesen sei, sondern es war gerade
umgekehrt ein Erfolg der Wiener Diplomatie, daß hier keine
expliziten Einschränkungen kodifiziert wurden und er so Gestal-

:ungsmöglichkeiten behielt. Bei den künftigen Kaiserwahlen wurden durchaus immer wieder Alternativkandidaten zu den Habsburgern erwogen, gab es abweichende Wahl- und Krönungsorte
wie Regensburg und Augsburg, Konflikte um das Krönungsrecht
zwischen Mainz und Köln und um die Zuständigkeit für die
Wahlkapitulation zwischen Kurfürsten und Fürsten und eine kritische Situation für die Habsburger: Der zu Beginn des Reichstags
1653 gewählte junge Nachfolger Ferdinand (IV.) starb ein Jahr
nach seiner Wahl, und alles war wieder offen. Aber mit der Wahl
Leopolds I. im Jahre 1658, die gegen eine erneute Kandidatur des
französischen Königs durchgesetzt werden konnte, erlebte das
Kaisertum der Habsburger einen glanzvollen Wiederaufstieg.
Kaiser Leopold verstand es in seiner langen Regierungszeit (1658–
1705), eindrucksvoll zu repräsentieren, sein Rangerhöhungsrecht
und Klientelbeziehungen im Reich politisch zu nutzen, ja in einer
permanenten Bedrohung in Osten und Westen bildete sich zwischen Kaiser und Reichsständen geradezu eine neue «Solidarge-
meinschaft» (H. Duchhardt) aus. Anders als in Frankreich, wo
eine gesteuerte Pressepolitik den «Sonnenkönig» erst «machte»
(P. Burke), konnte der Kaiserhof darauf fast völlig verzichten:
Das Ansehen des «Großen Leopold» stieg in der föderalen Presse-
landschaft ganz von allein (J. Schumann).

3. Was hat der Immerwährende Reichstag geleistet? Vor
allem gelang die Vollendung der Reichsverfassung durch die ab-
schließende Institutionalisierung des Reichstags, der seit 1663 bis
zum Ende des Reiches in Permanenz tagte. Der Westfälische
Friede hat zum einen das Stimmrecht auf alle Reichsstände und
ausdrücklich auch auf die Reichsstädte ausgeweitet und zum anderen die Kompetenz für Krieg und Frieden festgeschrieben und
die Agenda der gesamtstaatlichen Geschäfte erweitert, für die der
Reichstag gefragt werden mußte. Insbesondere aber sollte der
nächste Reichstag die Verfassungsfragen im einzelnen regeln, die
man in Osnabrück erst einmal auf sich hatte beruhen lassen, um
zum Frieden zu kommen. Die Aufräumarbeiten der Nachkriegs-
zeit verzögerten freilich das Zustandekommen dieses Reichstages.
Erst einmal mußte man die Besatzungstruppen loswerden und

dazu fünf Millionen Reichstaler Kriegsentschädigung an Schweden aufbringen, das, am Rande des Staatsbankrotts, den rückständigen Sold anders nicht zahlen konnte, um seine Truppen abzudanken. Diese nach der deutschen Kriegskatastrophe materielle und organisatorische Leistung wurde von den Armeeführern und Reichsständen auf einem Nürnberger Exekutionstag 1650 geplant, gelang tatsächlich und wurde mit einem symbolträchtigen Friedensmahl im Nürnberger Rathaus gefeiert, das ein Großgemälde des Begründers der deutschen Kunstgeschichte Joachim von Sandrart und eine Reihe von Kupferstichen dokumentierten. Die Reichsstände aber hatten ihre erste Bewährungsprobe bestanden und haben auf dem 1654 tatsächlich stattfindenden Reichstag auch sehr ernsthaft an der Verfassung gearbeitet. In einem letzten, «Jüngsten» Reichsabschied (JRA) wurden besonders zum Rechtssystem wichtige Normen gesetzt.

Die übriggebliebenen Verfassungsangelegenheiten sind als «hinterstellige» Materien oder «negotia remissa» in die Reichssprache eingegangen und mußten einer Deputation und schließlich dem nächsten Reichstag überlassen werden. Einberufen wurde dieser Reichstag, der dann zum Immerwährenden wurde, im Jahr 1663, weil der Kaiser gegen das wieder expandierende Osmanische Reich eine «Türkenhilfe» benötigte und tatsächlich erhielt. Aber das war nun auch die Gelegenheit, den Verfassungsauftrag des Westfälischen Friedens wieder vorzunehmen und an einem Reichsabschied mit Regelungen zu Fragen der Römischen Königswahl, des Achtverfahrens und einer ständigen Wahlkapitulation zu arbeiten, ohne den man nicht auseinandergehen konnte. Doch dann bekamen wieder aktuelle Probleme den Vorrang, und dieser Wechsel zwischen Abarbeiten der Verfassungsremissa und Unterbrechung durch aktuelle Ereignisse wiederholte sich mehrfach. Dabei erwies es sich als praktisch, daß immer gleich ein reaktionsfähiger Reichstag tagte, aber seine eigentliche Verfassungsaufgabe erledigte er auf diese Weise nie vollständig, so daß es zu Reichsschlüssen, jedoch zu keinem zusammenfassenden Reichsabschied kam. Lange ermahnten sich noch Kaiser und Reichsstände gegenseitig, zu einem Abschied zu kommen, und diese Entstehungsgeschichte hat dem «Immerwäh-

renden» Reichstag anfangs und auch später in der Geschichtsschreibung ein nachhaltiges Imageproblem eingetragen. Denn
eine Institution, die nur zu bestehen schien, weil sie ihre grundlegende Arbeit nicht zu Ende brachte, galt leicht als ineffektiv.

Dann aber erkannte man doch, daß hier gleichsam aus Ver-
sehen eine verstetigte Institution entstanden war, die für die Kooperation von Kaiser und Reichsständen viele Vorteile bot und
für die gesamtstaatliche Reaktion und Steuerung des Reiches geradezu unentbehrlich wurde. Angesichts dieser positiven Bewer-
tung, die bald sogar von italienischen und französischen Schrift-
stellern geradezu bewundernd geteilt wurde und sich in ersten
Evaluierungen der neueren Forschung bestätigt, muß auch die
Nichterfüllung der Verfassungsremissa in einem ganz anderen
Lichte gesehen werden. Die weitestgehende These lautet hier,
daß die Verfassungsaufgabe gar nicht erfüllt werden durfte,
wenn die auf ihre Abarbeitung gegründete Institution nicht ihre
Legitimation gefährden wollte (J. B.). Auf jeden Fall aber behielt
der Reichstag, solange der ihm übertragene Verfassungsausbau
nicht für beendet erklärt wurde, auch die oberste Verfassungszu-
ständigkeit.

Die Verstetigung des Reichstags zu einer permanenten Einrichtung hatte zwei Konsequenzen: Der Reichstag wurde, da die
Fürsten nicht ständig anwesend sein konnten, ein reiner Ge-
sandtenkongreß und konnte dadurch eine große Professionalität
entwickeln. Und das Gremium bekam einen festen Sitz mit dem
Regensburger Rathaus als Tagungslokal, Gesandtenquartieren
und festen Geschäftsführungsstrukturen. Die Gesandten berieten in den hergebrachten drei Kurien, vertraten aber im Fürstenrat, der über 100 geistliche und weltliche Stimmen umfaßte, und
im Städterat oft mehrere Herren. Sie waren weisungsgebunden,
konnten aber mit ihrem Kompetenzvorsprung als Reichsexper-
ten ihre Herren auch im Sinne der gruppendynamischen Integra-
tionsprozesse der Institution beraten. Zwei die deutsche Doppelstaatlichkeit spiegelnde Positionen gewannen immer stärker
herausragende Bedeutung: der «Prinzipalkommissar» als Ver-
tretung des Kaisers, die zunächst ranghohen geistlichen Reichsfürsten, am Ende aber dem Herrn der Reichspost Thurn und

Taxis übertragen wurde, bald mit reichs- und rechtskundigen
Konkommissaren und Sekretariatsausstattung. Der Herr des
ganzen Reichstagsverfahrens aber war der geradezu als «Reichs-
direktor» bezeichnete Mainzer Direktorialgesandte, der im Auftrage des Kurfürsten als Reichserzkanzler der sogenannten Dik-
tatur vorstand, einer aus der «Diktierstube» hervorgegangenen
Reichstagsbehörde, über die das ganze Reichstagsgeschäftsgut
sowie alle Publikationen abgewickelt wurden. Nach den weiter
geltenden großen Gesetzgebungswerken aus dem 16. Jahrhundert trat diese Tätigkeit hinter den aktuellen und konstitutionel-
len Fragen zurück und wurde den policeylichen Einzelregelungen der Landespolitik überlassen, jedoch wurden auf dem Feld
der Geld- und Handelspolitik neue nun besonders zeitgemäße
Verhandlungs- und Beschlußschwerpunkte erkennbar. Ein von
dem bedeutenden Theoretiker Johann Joachim Becher berate-
ner Reichsmerkantilismus und eine Reichshandwerksordnung
(1731) belegen hier den noch weiter zu erforschenden gesamtstaatlichen Gestaltungswillen.

In dreierlei Hinsicht hat der Reichstag ein besonderes Profil
entwickelt. Zunächst ist er als eines der ersten ständigen Parla-
mente anzusehen, das zwar so wenig wie im übrigen Europa aus
gewählten Volksvertretern bestand, aber die Gesetzgebungs-
kompetenz besaß und mit breiter Partizipation der politisch
Handlungsberechtigten und mit regulierten Verfahren zur politischen Entscheidungsfindung eine hohe parlamentarische Kultur
ausbildete. Die früh ausgebildete Permanenz war nicht die einzige Möglichkeit – die englische Geschichte setzte stattdessen
auf periodische Einberufung –, aber doch einer der Wege zu par-
lamentarischen Institutionen, die sogar an die von den Regierungen gestellte Ländervertretung des heutigen Bundesrates erinnert. Anders jedoch als heute war der Reichstag ein Forum des
Zeremoniells, auf dem von der Sitzordnung bis zu den Bera-
tungsformen die gesamte Rangordnung des Reiches symbolisch
dargestellt, ausgehandelt oder ausgekämpft wurde. Eine neue
Forschungsrichtung erkennt darin statt störenden Beiwerks fast
die Hauptfunktion, doch muß man auch sehen, daß um politischer Inhalte willen für Rangstreitigkeiten ein ganzes Repertoire

von Umgehungsformen – zum Beispiel abwechselnde Privilegierung oder inoffizielle Besprechungen – und damals wie heute in-
tegrative Rituale und Formen genutzt wurden. Und schließlich
wurde Regensburg als deutsche Nachrichtenagentur unentbehrlich, nicht nur für die Gesandten untereinander, sondern durch
die Berichterstattung und Weitergabe von Informationen an die
Höfe und Regierungen sowie durch eine Fülle von Regensburger
Reichspublikationen mit gedruckten Beratungsvorlagen, Partei-
schriften, Beschlüssen und Sammelwerken wie etwa bis 1740 die
Großbände zum Immerwährenden Reichstag von Pachner von
Eggenstorff. Die föderale und die mediale Kompetenz verstetig-
ten auch den Reichstag.

4. Die Abschaffung des Religionskrieges Eine der größten Leistungen des Westfälischen Friedens war die Überwindung des
Religionskrieges. Fast die Hälfte aller Einzelregelungen betrafen
das Verhältnis der Konfessionen. Alle Religionsprobleme aber
konnten nur mit Hilfe zweier genial einfacher politisch-recht-
licher Grundprinzipien gelöst werden: durch das Normaljahr
und durch die Parität.

Das Normaljahr 1624 war eigentlich eine Stichjahresregelung
für das zwischen den Konfessionen umstrittene «Kirchengut»,
also die materielle Ausstattung und damit Zugehörigkeit der
Kirchen, Klöster und ihrer Einnahmequellen. Die evangelischen
Reichsstände forderten den für sie günstigen Vorkriegszustand,
die katholische Seite hätte es am liebsten beim Stand des Resti-
tutionsediktes von 1629 oder des im Prager Frieden verfügten
Jahres 1627 belassen – man einigte sich auf Vorschlag des stets
kompromißbereiten Sachsen in der Mitte auf den 1. Januar
1624. Mit diesem Normaljahr war das an sich bestätigte Ius
reformandi der Fürsten ausgehöhlt, denn auch die Untertanen
konnten sich auf die kirchlichen Verhältnisse des Normaljahres
1624 berufen, auch in damals gemischtkonfessionellen Gebieten
und auch bei künftigen Konfessionswechseln der Landesherren.
Katholisch oder evangelisch war man fortan, wenn nichts anderes vereinbart war oder man von einem ergänzenden Emigra-
tionsrecht Gebrauch machen wollte, weil der betreffende Ort im

Normaljahr 1624 katholisch oder evangelisch gewesen war. Mit diesem Einfrieren des Status quo gelang die Beruhigung und Pazifizierung sonst unlösbarer Konflikte.

Das Prinzip der Parität bedeutete, daß künftig zwei rechtlich gleichgestellte Religionsparteien anerkannt waren, die sich in den Reichsgremien – und als Sonderfall auch in der Reichsstadt Augsburg – gleichberechtigt und möglichst gleich stark gegenüberstanden, auf jeden Fall aber sich im Beschlußverfahren nicht überstimmen durften, sondern in konfessionsrelevanten Fragen von «Pars» zu «Pars» eine Lösung aushandeln mußten. Die Reformierten wurden jetzt einfach als eine Untergruppe den Evangelischen zugerechnet (Art. VII) und waren damit anerkannt. So waren die noch lange in ihrer strukturellen Intoleranz gefangenen Konfessionen endgültig in die politisch-rechtliche Ordnung eingebunden und der Religionskrieg in Deutschland für immer überwunden. Selbst das Wort «Religionskrieg» konnte fortan nur noch abwertend als Scheltwort benutzt werden.

Das führte nicht zum Ende von Religionskonflikten, aber bemerkenswert ist im multikonfessionellen Deutschland nicht, daß es sie gab, sondern daß es den Reichsverantwortlichen gelang, mit diesem Instrumentarium und einem bedachtsamen Krisenmanagement Gewaltakte aufzufangen ohne es zum äußersten eines Religionskrieges kommen zu lassen. Eine Reihe von größeren Konfliktfällen belegt das.

Die *Ryswiker Klausel* von 1697, nach der Ludwig XIV. den gleichnamigen Frieden nur gewährte, wenn in den zurückgegebenen deutschen Grenzgebieten die in der französischen Besatzungszeit erfolgten prokatholischen Änderungen beibehalten wurden, war ein klarer Verstoß gegen das Normaljahr. Dahinter stand ein verfassungsbedenkliches Zusammenspiel der mittlerweile von einer katholischen Linie beerbten Kurpfalz mit Rom und möglicherweise auch Kräften am Kaiserhof – dieser Bruch des Reichsreligionsrechts wurde von den Evangelischen unter Protest nur hingenommen, weil die konkurrierende Reichsfriedensnorm in dieser Situation übergeordnet wurde. Umso besser bewährte sich der Untertanenschutz im gleichen Jahr 1697, beim Religionswechsel des unter dem Namen August der Starke in die

Geschichte eingegangenen sächsischen Kurfürsten zur katholischen Konfession, damit er zusätzlich zum König von Polen gewählt werden konnte. Gestützt auf diese westfälische Grundregel und eine Reihe restriktiver Ausführungsbestimmungen gelang es der wachsamen sächsischen Landeskirche und den Landständen, die ganze sächsische Kirchenorganisation nach dem Stand von 1624 im Alleinbesitz zu erhalten – mit der einzigen Ausnahme der barocken katholischen «Hofkirche» in Dresden, die als Privatkapelle für den Kurfürsten zunächst klein anfangen mußte. Im Jahre 1707 zwang der Schwedenkönig Karl XII. mit der *Altranstädter Konvention* den Kaiser als den Landesherrn in Schlesien, dem der Westfälische Frieden religiöse Sonderregelungen und sechs evangelische «Friedenskirchen» auferlegt hatte, diesen mittlerweile einseitig katholisch verschobenen Zustand voll wiederherzustellen. Kaiser Joseph I. tat es um des Friedens willen und legte noch drei «Gnadenkirchen» drauf, darunter die schönste und größte erhaltene Holzkirche in Schweidnitz (heute polnisch Swidnica). Im Jahre 1721 drohte nach evangelischen Provokationen und kurpfälzischer Gewalt in Heidelberg, Sanktionen und verbalen Überreaktionen, gar eine Eskalation zum Religionskrieg, wie er wenige Jahre vorher der Schweiz nicht erspart geblieben war (Zweiter Villmerger Krieg, 1712). Aber kaum war das Wort Religionskrieg gefallen, als beide Seiten erschrocken zurückruderten und der Chef der Wiener Reichskanzlei, Reichsvizekanzler Friedrich Karl von Schönborn, die Krise professionell deeskalieren und beenden konnte. Der wegen des schon etwas unzeitgemäßen Termins 1732 vielbeachtete Auszug der Salzburger Exulanten, der zu Unrecht mit der Hugenottenflucht aus Frankreich verglichen wurde, war kein Verstoß gegen das Normaljahr 1624, in dem sie keine Minderheitenrechte besaßen, sondern eine Inanspruchnahme des Emigrationsrechts durch die erst neuentdeckten und vom Erzbischof nicht geduldeten Abweichler. Eine gewaltige Pressekampagne und Bildpropaganda des über die paritätische Druckerstadt Augsburg nach Ostpreußen und bis nach Nordamerika führenden Zuges pries die «evangelischen Glaubenszeugen» ohne Polemik gegen die katholischen Reichsstände und wirkte in einer für die evangelischen

Reichsstände problematischen Phase propagandistisch eher positiv für das konfessionelle Gleichgewicht im Reich. Die Paritätsregel der Religionsparteien wurde am Reichstag nur selten angewandt. Die Serie der Konflikte aber führte dazu, daß sich speziell das Corpus Evangelicorum fester organisierte, wie eine Fraktion eigene Sitzungen abhielt, protokollierte und auch im Druck festhielt und seine Beschlüsse für die Mitglieder sogar für verbindlich erklärte. Kursachsen behielt trotz der nun katholischen Dynastie mit Hilfe eines evangelischen Gesandten den Vorsitz und wirkte oft mäßigend auf die Konfessionspolitik, allerdings oft in Konkurrenz zu den aktivistischeren Vertretern Kurbrandenburgs und Kurhannovers. In religionspolitischer Einkleidung meldete sich hier schon der deutsche Dualismus, aber auch neue bündische Kräfte, die zur Institutionalisierung drängten (G. Haug-Moritz).

Wenn man auf die Religionsbestimmungen sieht, dann brachte der Westfälische Friede keineswegs weniger, sondern mehr Reichsgewalt. Durch die Aushöhlung des Ius reformandi der Fürsten durch das Normaljahr und die ausgefeilten Paritätsregeln in den Reichsgremien, teils numerisch, teils durch Verfahren, verlagerte sich das Gewicht noch weiter von den Einzelherrschaften zur Reichsgewalt, die aber nach einer hohen Zeit des wiedererstarkten Kaisertums selbst immer stärker bundesstaatlich begriffen wurde.

VII. Der zweite dreißigjährige Krieg (1667–1697) – die Organisation struktureller Nichtangriffsfähigkeit

1. Die ludovizianische Herausforderung und die Kriegsserie

Schon die europäische Friedenspublizistik der Frühen Neuzeit erkannte, daß die föderale Reichsverfassung den Deutschen keinen Eroberungskrieg erlaubte, diese Verfassungsstruktur aber umgekehrt auch eine «Klippe für Eroberer» darstellte. In diesem doppelten Sinne hat der aus der neueren Friedensbewe-

gung stammende Zielbegriff der «strukturellen Nichtangriffsfähigkeit» eigentlich schon die Staatsräson des Reiches bestimmt
[J. B.). Die defensive Sicherheitspolitik mußte jedoch noch weiter entwickelt und besser organisiert werden. Das zeigte sich in
einer der größten politischen und militärischen Herausforderun-
gen, die das Reich nach dem Westfälischen Frieden zu bestehen
hatte: der neo-universalistischen Politik Ludwigs XIV. Dieser
Rückfall des französischen Königs in das Programm des europäischen Universalismus, das durch den Anspruch auf das Erbe
Karls des Großen, durch eine neuerliche Kaiserwahlkandidatur
und eine andauernde Interventionspolitik das benachbarte Reich
bedrohte, führte zu militärischen Konsequenzen. Eine Serie von
vier Expansionskriegen läßt sich geradezu zu einem «zweiten
dreißigjährigen Krieg» (1667–1697) zusammenfassen.

1. Im Devolutionskrieg von 1667/68 drang Ludwig XIV. in
die noch spanischen und formell zum Reich gehörenden südlichen Niederlande ein. Die herbeikonstruierte Legitimation
sollte gegen die eigentlich bereits vertraglich zugunsten Spaniens
geregelte Erbfolge ein nur regional gültiges Privatrecht liefern,
das die Kinder aus erster Ehe und damit Ludwigs Gattin begünstigte («Devolution»). Die Nachbarschaftshilfe der unabhängigen Niederlande und anderer beschränkte die französische
Annexion auf Grenzgewinne.

2. Der Holländische Krieg von 1672–1679 war ein unverhoh-
lener Rachefeldzug gegen die unbotmäßige niederländische Republik mit noch weiter gespanntem Anspruch. Zwar konnte sich
der neue Statthalter und Generalkapitän der Niederlande Wilhelm von Oranien behaupten und in einen Sonderfrieden retten,
aber das diesmal direkt hineingezogene Reich mußte im Frieden
von Nimwegen Verluste in Burgund, Lothringen und im Elsaß
hinnehmen und zeitweise sogar Freiburg im Breisgau hergeben.

3. Eine Fortsetzung des Krieges mit anderen Mitteln waren
die «Reunionen» von 1679–1684. Mit Frankreich «wiederver-
einigt» wurden alle Gebiete, die einmal in Lehens- oder sonsti-
gen Abhängigkeitsverhältnissen zu den 1648 abgetretenen Orten gestanden haben sollten, am Ende ganz Lothringen und das
Elsaß. Dorf für Dorf sprachen französische Spruchkammern das

Urteil, und das Militär rückte ein. Selbst die interne Anweisung, langsam vorzugehen, damit nicht durch zuviel Lärm der Eindruck erweckt werde, daß der König sich «seiner durch eigene Kraft erworbenen Überlegenheit über alle Herrscher Europas bedienen will, um sich ganze Staaten anzueignen», verrät den universalistischen Hintergrund. Mit der provokativen Annexion Straßburgs gegen alles Staats- und Völkerrecht wurde 1681 dann doch Lärm geschlagen, und nur die gleichzeitige osmanische Expansion erzwang ein beiderseitiges Stillhalteabkommen (Regensburger Stillstand 1684).

4. Für den wiederum vom französischen König offensiv begonnenen Pfälzischen Krieg von 1688/89–1697 gibt es viele Begründungen und Bezeichnungen. Der deutsche Traditionsname «Pfälzischer Erbfolgekrieg» übertreibt, weil es nicht um die ganze Erbfolge, sondern eine Abfindung für Lieselotte von der Pfalz ging, die mit dem Herzog von Orléans verheiratete große Briefschreiberin am französischen Hof. Dem trägt die zurückhaltendere Bezeichnung «Orléansscher Krieg» oder die noch neutralere internationale Bezeichnung «Neunjähriger Krieg» Rechnung. In Mißerfolgen der französischen Interventionspolitik im erstarkenden Reich – eine Desavouierung der französischen Parteigängerfamilie Fürstenberg, oder gar das Gespenst einer angeblich bedrohlichen sogenannten «Augsburger Liga» – sieht die französische Forschung weitere Gründe, aber in Gefahr war nie Frankreichs Sicherheit, sondern seine weitere Expansion. Die große Allianz mit dem nun auch zum englischen König erhobenen Wilhelm von Oranien setzte der französischen Krone in Europa Grenzen, aber ein Hauptkriegsschauplatz war der schwer geschädigte pfälzische Raum, so daß die der damaligen Wahrnehmung entsprechende Benennung «Pfälzischer Krieg» ebenfalls ihr Recht behält.

Diese insgesamt dreißigjährige Kriegsbedrohung, die sich je länger desto stärker gegen die deutschen Grenzen richtete, wurde zur großen Bewährungsprobe für das nachwestfälische Reich. Denn ein gefährdetes politisches System kann unter äußerer Bedrohung leicht zerfallen. Es kann sich aber auch erst recht zusammenschließen. Wie konnte statt der zersetzenden die integrierende Wirkung die Geschichte des Reiches bestimmen?

2. Die publizistische Reaktion des Reiches Wieder einmal war es die Druckpresse, die Deutschland einte und diesmal die Reichsstände zu einer gemeinsamen Verteidigungsanstrengung brachte. Eine berüchtigte französische Propagandaschrift von Antoine Aubéry erhob unverhohlen Anspruch auf das ganze Reich, denn der französische König sei der wahre Nachfolger Karls des Großen. Diese unbedachte Provokation lieferte den Anlaß für eine breite deutsche Pressekampagne. Kein geringerer als der Philosoph Gottfried Wilhelm Leibniz und der Wiener Staatsmann Franz von Lisola warnten vor diesem französischen Rückfall in den Universalismus, forderten Europa zum Widerstand auf und empfahlen dem Reich eine Neuorganisation seiner Sicherheitspolitik. Außer diesen bekannten Autoren griffen aber auch «Wahrmund Teutschmann», «Ernst Friedrich von Teutoburg» oder gar «Germanico Hanenfeind» zur Feder, um den Deutschen in Wort und Bild über die drohende Gefahr die Augen zu öffnen, höchst werbewirksam, bis hin zu einem aufgerissenen Augenpaar auf dem Titelblatt. Dem edlen Reichsadler wurde der gallische «Räuberhahn» gegenübergestellt, ein französischer «Mordbrenner» in der Pfalz wurde zum schwarzen Mann eingefärbt, und selbst die ursprünglich allein den nichtchristlichen Türken gegebene Bezeichnung «Erbfeind» begann hier ihre nachwirkende Karriere. Eine nationalpatriotische und in der Abwehr des Fremden nicht immer geschmackssichere Komponente, die auch bei den vor diesem politischen Hintergrund zu sehenden deutschen Sprachgesellschaften und Sprachreinigern mitwirkte, kann heute geradezu als früher Nationalismus erscheinen. Aber die Aggression ging damals nicht von deutschem Boden aus, und selbst die deftigste Polemik blieb stets defensiv.

3. Die politische Reaktion Solange Kaiser und Reich noch nicht unmittelbar betroffen waren, reagierten sie hinhaltend. Kaiser Leopold zögerte, einen Teilungsvertrag mit Frankreich zu gefährden, der den späteren Spanischen Erbfolgekrieg hätte verhindern können. Die Reichsstände waren von der Kriegspolitik Ludwigs XIV. überrascht und versuchten erst einmal eine neutrale oder vermittelnde Partei zu bilden. Drei Brüder aus dem

Hause Fürstenberg warben gar für eine frankreichfreundliche
Politik, obwohl schon Interventionstruppen in Kurköln standen. Da setzte der Kaiser einen von ihnen, den Kölner Minister
Wilhelm von Fürstenberg, kurzerhand gefangen, wies den französischen Gesandten am Regensburger Reichstag aus und ver-
bot allen Reichsangehörigen, Frankreich Unterstützung zu ge-
währen. Das war der Reichskrieg.

Die Reichskriegserklärung von 1674 war die erste seit dem
Westfälischen Frieden, und weil der Reichstag den Kaiser um ein
solches Mandat gebeten hatte, auch mit der notwendigen Zustimmung der Reichsstände. Zweifel an der Rechtsqualität wegen der noch kargen Papierform sind überholt. Aber 1689 wurde
eine zweite Reichskriegserklärung nötig, und dafür wurde nun
am Reichstag ein wortgewaltigeres Formular entwickelt. Nach
der Ablehnung aller Friedens- und Vermittlungsvorschläge und
dem gewalttätigen französischen Einfall in das Reich ohne die
geringste Ursache, heißt es mit drastischen Beispielen in großem
sprachlichen Bogen, habe sich «die Cron Franckreich» selbst als
«Reichs-Feind» dargestellt, und darum bleibe nichts, als den
«abgenöthigten Krieg» zum «allgemeinen Reichs-Krieg» zu erklären (Pachner II, 654 ff.). Auf dieses rhetorisch ausgearbeitete
Formular konnte man auch bei der dritten Reichskriegserklärung von 1702 im Spanischen Erbfolgekrieg zurückgreifen und
noch einiges draufsetzen.

4. Die Neuorganisation der Reichsverteidigung In unglaub-
lich uninformierter Verkennung der Reichspolitik hält sich bis
heute die Legende, das Reich habe über keine effektive Verteidi-
gungsorganisation verfügt. Ganz im Gegenteil besaß es nicht
nur eine, sondern gleich drei Wehrformen, die es in der Bedrohungssituation des zweiten dreißigjährigen Krieges im Einklang
mit der aufgebrachten öffentlichen Meinung von der Struktur
des föderalen Reiches her weiterentwickelte. Von der unteren
Ebene her waren das die armierten Reichsstände, auf der oberen
gesamtstaatlichen Ebene die reguläre Reichsdefension und da-
zwischen die Allianz- und Assoziationspolitik der Bünde und
Reichskreise. Der Sicherheitsexperte Johann Georg von Kulpis

hat am Ende des 17. Jahrhunderts diese Trias klar bezeichnet und für die von ihm bevorzugten Kreisassoziationen geworben. Aber in der Praxis entfalteten sie gerade in ihren Abstufungen und einander ergänzenden Kombinationen ihre Wirkung.

Als armierte Reichsstände wurden Fürsten bezeichnet, die selbst ein stehendes Heer unterhielten. Anders als bei den stehengebliebenen Heeren Europas wurden die Söldner im friedensbewußten Reich oft erst einmal abgedankt oder vermindert, aber in den von Ludwig XIV. ausgelösten Sicherheitskrisen blieben die Heere der mächtigeren Reichsstände dann doch stehen, nicht um einzeln europäische Machtpolitik zu treiben, sondern die Verteidigungslücken und -verzögerungen im Reich erst einmal mit eigenen Kräften überbrücken zu können. Nicht selten wurde das gegenüber den Untertanen und den nichtarmierten Nachbarn als eine Art Auftragsbewaffnung im Dienste der Reichssicherheit legitimiert, ja es wurden Proviant und Beitragsleistungen eingefordert oder mit den Reichssteuern verrechnet. Das reichte aber nicht aus, und so finanzierten sich die armierten Reichsstände zusätzlich aus Subsidien verbündeter oder anderer Mächte. Viele Bündnisverträge mit auswärtigen Mächten waren eigentlich Subsidienverträge zur Heeresfinanzierung. Der Große Kurfürst Friedrich Wilhelm I. von Brandenburg (1640–1688) ist für seinen bündnispolitischen Zickzack-Kurs in die Geschichte eingegangen, aber er verfolgte damit keineswegs eine bedenkenlose, im übrigen wenig erfolgreiche Außenpolitik, sondern warb von wechselnden Sponsoren Subsidien für den Aufbau der preußischen Armee ein. Er nahm auch von Frankreich, fand sich aber immer wieder rechtzeitig an der Seite von Kaiser und Reich ein. So erzielte der Kurfürst 1675 mit der zu einem preußischen Mythos emporstilisierten Schlacht von Fehrbellin gegen das mit Frankreich verbündete Schweden in korrekter Parteistellung einen beachtlichen Erfolg auch für das Reich.

Die reguläre Form der Verteidigung auf der gesamtstaatlichen Ebene war die Aufstellung einer Reichsarmee. Wenn der Reichstag einen Reichskrieg beschlossen hatte, waren alle Reichsstände zur Stellung von Reitern, Mannschaften oder einer Geldablösung verpflichtet, die immer noch auf die hierarchisch nach Stän-

den gegliederte Matrikel von 1521 zurückging. Eine als Reichsdefensionalordnung bekannte Militärreform vereinfachte dieses
Verfahren und übertrug die Ausführung der beschlossenen
Reichsbewaffnung den Reichskreisen, die nun Rekrutierung und
Besoldung, Organisation und Führung der festgelegten Kreis-
kontingente übernahmen. Der aus über 100 Kreisständen bestehende Schwäbische Reichskreis hatte dann zum Beispiel insgesamt 2707 Mann zu Fuß und 1321 zu Pferd aufzubringen, so
daß in einer nicht ganz gleichen Aufteilung für alle Kreise zusammen eine Grundbewaffnung (Simplum) von nominell 40 000
Mann dabei herausgekommen wäre, mit dem zeitüblichen
Schwund etwa 30 000. Ein stehendes Reichsheer in vollem Sinne
wurde nicht errichtet, aber mit einer auch in Friedenszeiten bei-
behaltenen und nachbesetzten Reichsgeneralität, einem für poli-
zeiliche Aufgaben stehenden kleinen Kreismilitär in Schwaben
und Franken und vor allen mit dem eingespielten Verfahren zur
Vollmobilisierung trat dann doch eine bis ans Reichsende genutzte organisatorische Verfestigung ein. Die kombinierte Reichsarmee nach der Reichsdefensionalordnung von 1681 war durchaus eine von Fall zu Fall genutzte Verfassungsinstitution.

Aber außerdem bewährte sich auch wieder die Zwischenebene
der Reichskreise und der Sonderbünde. Schon ein vom Mainzer
Erzkanzler Kurfürst Johann Philipp von Schönborn gegründeter
erster Rheinbund (1658–1668) war ein erfolgreiches und bemerkenswerterweise konfessionsübergreifendes Resultat von Asso-
ziationsprojekten und bündischen Verflechtungen zur Friedens-
und Ordnungswahrung am Rhein und im Zentrum des Reiches.
Als Schönborn aber merkte, daß man gegen die spanische Mili-
tärpräsenz am Rhein mit Ludwig XIV. den falschen Mann ins
Boot geholt hatte, warf er selbst das Steuer herum und beendete
das Experiment.

Den Reichskreisen war die Landfriedenswahrung nach innen
aufgegeben, nach außen sollten seit 1555 bis zu fünf Kreise in Ei-
genverantwortung kooperieren. Hier entwickelten nun namentlich die besonders gefährdeten «Vorderen Reichskreise» (Kur-,
Ober- und Niederrheinischer, Schwäbischer und Fränkischer
Kreis) eine für die Epoche charakteristische Kreisassoziations-

politik. So schufen die beiden herausragenden Reichspolitiker Graf Georg Friedrich von Waldeck und der Würzburger und Bamberger Fürstbischof Peter Philipp von Dernbach 1682 die Laxenburger Assoziation, die sich auf dem namensgebenden Schloß bei Wien an den Kaiser anlehnte und durch einen einfallsreichen Kriegslastenausgleich auch für die Kleinen attraktiv war.

Zur zweiten bekannt gewordenen Assoziation wurde die Augsburger Allianz, die aber ohne Ratifikation eine rein defensive Vorsorgeabsprache in einer Friedenspause blieb, was freilich Ludwig XIV. nicht davon abhielt, den Pfälzischen Krieg gegen das Phantom einer «Augsburger Liga» zu führen.

Der dritte Ansatz war die Frankfurter Assoziation, die vom Reichsgeneral Ludwig Wilhelm von Baden, dem Programmatiker Kulpis und wiederum von einem Schönborn, dem Mainzer Kurfürsten Lothar Franz nach einigem Vorlauf 1697 begründet wurde. Dies war nun eine rein föderale Sicherheitspolitik nicht gegen, aber ohne den Kaiser, die nicht in eine ganz auf Dauer gestellte feste Organisationsform in Krieg und Frieden mündete, aber doch nachwirkte und im 18. Jahrhundert bei Bedarf immer wieder Verlängerungs- und Rückgriffsmöglichkeiten im System der Wehrformen des Reiches bot. Damit gelang es, einigermaßen heil durch die Kriege zu kommen und die deutschen Grenzen besser zu wahren als in Zeiten, in denen sich Deutschland als expansiver Machtstaat aufführte.

5. Die Türken vor Wien – die belagerte Kaiserstadt und das Reich Wie aber soll eine deutsche Geschichte mit den Türkenkriegen umgehen, die angesichts einer Vielzahl türkischstämmiger deutscher Staatsbürger nicht gerade ein identitätsstiftendes Thema sind? Gegenüber der älteren «abendländischen» Dramatisierung vom Großkonflikt zweier Religionen oder Kulturen wird heute gern auf den Gelegenheitscharakter des Unternehmens und realpolitische Verwicklungen in Ungarn verwiesen, oder es werden gar quellenfrei osmanische Sicherheitsinteressen herbeikonstruiert. Eine europäische Relativierung muß jedoch ganz anders ansetzen: Der Großherr oder «Schatten Gottes auf Erden», dem zur Vollendung dieser Position noch der vom My-

thos verhießene «Goldene Apfel» Wien fehlte, sah sich als größter Herrscher der Welt an – und befand sich damit in bester
europäischer Gesellschaft, wie der gleichzeitige universalistische
Rückfall im Westen des Reiches deutscher Nation bezeugt. Die
Belagerung der Kaiserstadt Wien im Jahre 1683 wurde vom
Reich deutscher Nation auch als sein Problem wahrgenommen
und war eine so blutige wie spannende Geschichte.

Ein gewaltiges osmanisches Kriegsvolk von über 100 000 Menschen sammelte sich in Ungarn und zog unter dem Großwesir
Kara Mustafa auf die österreichischen Erblande zu. Das traditionelle Grenzverteidigungssystem und ein Heer in der Normalgröße von 40 000 Mann unter Karl von Lothringen konnte sie
nicht aufhalten, und bald realisierte man in Wien, daß es diesmal
um mehr ging. Eine dem Sultan zugeschriebene Kriegserklärung
mit all seinen weltbeherrschenden Titeln, die den Kaiser aufforderte, ihn in seiner Residenz zu erwarten, damit er ihm den Kopf
abschlagen könne, bot Anlaß, das Reichsoberhaupt schleunigst
in Sicherheit zu bringen. Im letzten Moment aber wurden die
6000 Mann Bürgermiliz noch durch 11 000 Mann aus dem
Heer verstärkt, und unter dem Stadtkommandant Rüdiger von
Starhemberg und tüchtigen Helfern war die durch Reichssteuern
nach neuestem italienischem Fortifikationsstand befestigte Stadt
verteidigungsbereit. Aber die Osmanen setzten nicht auf Sturmangriffe und Kanonen, sondern waren Experten im Anlegen von
Laufgräben und Unterminierung der Festungswerke und rückten immer weiter vor. Schon schoß die Stadt Signalraketen ab,
daß sie nicht länger gehalten werden konnte, wenn nicht sofort
Hilfe komme.

Und tatsächlich erschien gerade noch rechtzeitig auf dem Höhenzug des Wienerwaldes eine Entsatzarmee. Auf der einen Seite
rückte Karl von Lothringen mit den österreichischen Truppen
vor und auf der anderen Seite in weiter Umgebung 20 000 Panzerreiter unter dem vertraglich Beistand leistenden polnischen
König Sobieski, und es gelang ihnen, die sich entgegenstellende
Belagerungsarmee mit ihren Hilfsvölkern in die Flucht zu schlagen. Über der die nationalen Geschichtsschreiber beschäftigenden
Frage, wer von beiden der Sieger war, ist nicht zu vergessen,

daß im Zentrum der Heeresaufstellung 30000 Mann Reichs-
truppen standen, die von den armierten Reichsständen Kursachsen und Kurbayern sowie assoziierte Reichskreistruppen unter
dem Kommando von Graf Waldeck zur Rettung der Hauptstadt
herbeigeeilt waren. Kaiser Leopold bedankte sich in aller Form
beim Reichstag für die militärische wie auch finanzielle Unterstützung des Reiches, und der «Triumphierende Reichs-Adler»
sagte publizistisch schon die Wende im Türkenkrieg voraus. Und
in der Tat begann nun die Zeit der offensiv geführten Türkenkriege, in denen in Schlachten, die noch von beiden Seiten weit
unter dem sonst üblichen europäischen Zivilisationsstand geführt wurden, ganz Ungarn und mehr erobert wurde. Prinz Eugen von Savoyen profilierte sich als Heldengeneral und führender
Staatsmann der nun glanzvoll aufsteigenden österreichischen
Monarchie, und einige Reichsfürsten beteiligten sich am Kriegs-
abenteuer. Aber die Reichsorganisation selbst betrachtete die
weitere Expansion bis nach Belgrad nicht mehr als ihre Angelegenheit und zog sich aus der dem Reichssystem fremden Groß-
machtpolitik des Wiener Hofes soweit irgend möglich zurück.

Auf osmanischer Seite wurde die Niederlage personalisiert und
Kara Mustafa erdrosselt, aber die Militärhistoriker zeigen sich
wenig überrascht und verweisen auf strukturelle Schwachpunkte
des Osmanischen Reiches, das jetzt gleichsam von den effizienter
werdenden anderen europäischen Staatsbildungen überholt
wurde. Dabei ist ein eigentümliches Defizit in der an sich hoch-
entwickelten orientalischen Kultur in seiner Bedeutung noch wenig erschlossen: die Türken haben die ganze Frühe Neuzeit keine
Druckmedien benutzt, sondern dieses neuzeitliche Medium erst
mit über 300jähriger Verspätung rezipiert. Ob dafür skriptogra-
phische Hindernisse, koranrechtliche Vorschriften oder schlicht
mangelnder Bedarf wegen anderer politischer Kommunikations-
formen der Grund war, ist nicht abschließend geklärt. Umso
deutlicher aber bestätigt diese Gegenprobe, wie sehr der föderale
Erfolg des Reiches deutscher Nation bis hin zur publizistischen
Mobilisierung seiner Verteidigungsfähigkeit von dieser modernen medialen Kommunikationsform ermöglicht wurde.

In einem anderen Punkt aber hat sich das Osmanische Reich

früher in das europäische Staatensystem integriert als vielfach
angenommen. Der Zweifrontenkrieg, in den die Wiener Diplomatie nicht ohne Fahrlässigkeit gegenüber den zeitweise friedens-
bereiten Türken schließlich doch hineingeschlittert ist, wurde
am Ausgang des Jahrhunderts mit zwei Friedensverträgen im
Westen und Osten beendet, die ganz erstaunliche Parallelen auf-
weisen. Mit Frankreich wurde 1697 der Friede zu Ryswik (Rijs-
wijk) geschlossen, der trotz der problematischen Religionsklau-
sel und des nicht zurückerhaltenen Straßburg für das Reich ganz
annehmbar war, und erstmals präzise die noch heute gültige
deutsch-französische Grenze absteckte. Zwei Jahre später schloß
der Kaiser mit dem Osmanischen Reich den Frieden von Karlo-
witz (Sremski Karlovci 1699), in dem die erste feste Grenz-
ziehung im Osten gelang, die von einer Grenzkommission mit
Gräben und Hügeln, Pfählen und Grenzsteinen markiert wurde.
Beiden Friedensschlüssen war jeweils ein Kongreß vorangegangen, an dem erstmals auch die Türken teilnahmen, und auch die
Inszenierung der Gleichrangigkeit mit synchronem Absitzen der
Gesandten vor den Pforten und gleichzeitigem Eintritt ins Ver-
handlungslokal holte die Türken so früh ins europäische Frie-
denszeremoniell, daß man auch sagen könnte, sie haben es selbst
mitaufgebaut. So schloß das Jahrhundert nach dem Ende des
zweiten dreißigjährigen Krieges und der Auslagerung des Tür-
kenkrieges aus seiner Zuständigkeit für das Reich deutscher Nation erst einmal im Frieden.

VIII. Kultur wird Ländersache – oder doch nicht?

1. Landesstaatlicher Ausbau im föderalen Umfeld Unter dem
einprägsamen Titel «Teutscher Fürsten-Staat» hat Veit Ludwig
von Seckendorff, Kanzler des aufstrebenden Herzogtums Sach-
sen-Gotha, ein im 17. Jahrhundert in vielen Auflagen verbreitetes
Musterbuch für die territoriale Verwaltung geschaffen. Ein ge-
plantes, aber nicht realisiertes Parallelwerk, der «Teutsche Reichs-

Staat», hätte noch unmißverständlicher die deutsche Doppelstaatlichkeit herausgestellt, aber auch das vermeintliche Fürsten-
staatsmanifest betont die Überordnung von Kaiser und Reich wie
andererseits die Bindung der Fürsten an ihre Landstände. Gleich-
wohl entwickelten die Länder im Rahmen der Reichsordnung unter dem Legitimationsbegriff der «Guten Policey» verstärkte Ge-
setzgebungs- und Administrationstätigkeit und bauten dazu ihre
Kabinette, Ratsgremien und Verwaltungsbehörden aus. Sachsen
bekam als erster deutscher Landesstaat einen Premierminister. In
Brandenburg, dessen Kurfürst sich 1701 zum König in Preußen
krönte, führte der Nachfolger das Generaldirektorium ein, eine
Superbehörde, in der alle Formen der Finanzverwaltung zusam-
menliefen. Österreich ahmte das nach, schaffte es aber als ineffektiv wieder ab und ging unter Staatskanzler Kaunitz andere Wege.
Soweit durchsetzbar, wurden die verschiedenen Regionalverwal-
tungen der Großterritorien in der Residenz zusammengeführt
und Fachministerien gebildet. Der preußische Ausbau der Staats-
verwaltung blieb unter dem «inneren König» Friedrich Wilhelm I.
(1713–1740) jedoch «partiell-sektoral» (W. Neugebauer): Er war
wirklich ein «Soldatenkönig», der über 80 Prozent des Haushalts
in die Militärverwaltung steckte, die in regionalen Einheiten
(Kantonen) die Bauernsöhne dienstverpflichtete und das Heer
von 30 000 auf überproportionale 80 000 Mann hochrüstete.

Das war ein der deutschen Geschichte wenig bekömmlicher
Sonderfall. Eine durchgehende zeitgenössische Agenda der Landesstaaten wurde hingegen die Wirtschaftspolitik, die seit den
Kriegsschädigungen besonders not tat. In Ländern wie Bayern,
Württemberg und besonders Kursachsen griff eine merkanti-
listische Handelspolitik. Die Messestadt Leipzig überholte reichs-
städtische Finanzplätze wie Augsburg und Frankfurt am Main
und wurde, vom Landesherrn regelmäßig besucht und gefördert, um 1700 zum wichtigsten deutschen Handelsplatz. Auch
der Kaiserhof betrieb mit einer «Universalkommerz» genannten
Behörde Handels- und Beschäftigungspolitik, beraten vom be-
deutendsten deutschen Merkantilisten Johann Joachim Becher,
der in seinem Hauptwerk ‹Politische Diskurs› Staatsinvervention
forderte, um zwischen den Fehlformen des Handels – Monopol

und der Gegenmöglichkeit zu vieler Anbieter (Polypol) – hindurchzusteuern und durch Privilegierung der richtigen gemeinnützlichen Unternehmen (Propol) die Beschäftigungsmöglichkeiten auszuschöpfen. Aber natürlich suchte man auch mit dem merkantilistischen Rezept der aktiven Handelsbilanz das Land zu bereichern. In der Guts- und Domänenwirtschaft Ostelbiens hielt sich hingegen eine altökonomische Literatur, die vom Haus (oikos) her für die landwirtschaftliche Produktion Rat gab. Erste in Brandenburg 1727 errichtete kameralistische Lehrstühle, in Halle und Frankfurt an der Oder, knüpften hier an. Erst der moderne integrale Wirtschaftsbegriff nämlich brachte die bis dahin streng getrennten Wissensbereiche der landwirtschaftlichen und später industriellen Produktion («Ökonomie») mit Handel und Markt («Kommerzien») zusammen, mit explosiver Wirkung für das Wirtschaftswachstum. Das begann unter dem Dach der Landesstaaten im deutschen Kameralismus, die beides brauchten. Der große Kameralist J. H. G. Justi, der erst in Österreich und dann in Preußen tätig war, führte 1755 beide Seiten unter dem Titelbegriff seines Hauptwerkes «Staatswirtschaft» zusammen.

Über den administrativen, militärischen und wirtschaftspolitischen Leistungen der Landesregierungen ist jedoch die Partizipation der Landstände nicht zu übersehen. Mit ihnen setzte sich gleichsam der Föderalismus nach unten fort, denn die deutschen Länder waren eben keine nur von oben regierten absolutistischen Zentralstaaten, sondern von ihren Landständen und deren Willensbildung auf den Landtagen abhängig, für die Württemberg und Sachsen sogar das Selbstversammlungsrecht ohne fürstliche Einberufung besaßen. Die Zusammensetzung der Landtage war so verschieden wie die Länder selbst und bestand aus den jeweils als Herren des Landes geltenden Adeligen, Prälaten und Städtevertretern, wobei aber auch eine Gruppe fehlen, unterteilt oder durch andere Honoratioren ersetzt sein konnte. Das klassische Recht jeder Ständevertretung war die Steuerbewilligung, die manche Fürsten durch langfristige Abkommen oder indirekte Steuern zu unterlaufen suchten, wie in Preußen und Bayern. Oft aber waren die Fürsten im Gegenteil, wenn sie sich wieder einmal zugrunde gerichtet hatten, auf die Rettung vor dem Staatsbankrott

durch Kredite und Sanierungsprogramme der Landstände angewiesen, wie ebenfalls in Preußen und in Bayern. Lange war von einem Niedergang der Stände die Rede, weil statt der Vollversamm-
lungen zunehmend kleinere Ständeausschüsse tagten, die leichter
manipulierbar und durch gleichzeitige Berufung in die fürstliche
Verwaltung korrumpierbar erschienen. Aber es ging nicht ana-
chronistisch um parlamentarische Kontrolle der Regierung,
sondern um Beteiligung an der Staatstätigkeit, die so noch umfas-
sender und effektiver möglich war. Ein Hauptinteresse der Stände
war die Aufrechterhaltung der Landeseinheit, durch Garantie der
Erbfolge und Verhinderung dynastischer Teilungswillkür. Und
wenn es einmal nicht viel Relevantes zu beschließen gab, tagte
man trotzdem, um durch die zeremonielle Form zu demonstrie-
ren, daß auch das Land von zwei Ebenen repräsentiert wurde,
vom Landesherrn und den korporativen Landständen.

Die föderale Linie läßt sich aber noch weiter nach unten verfol-
gen. Denn zum einen bedeutet der von Peter Blickle als Vorlauf
demokratischer Mitsprache freigelegte Kommunalismus noch
eine weitere föderale Ebene der Willensbildung in Stadt- und Ge-
meindeämtern. Und zum anderen waren sogar die einzelnen Untertanen ihren Herrschern keineswegs nur passiv ausgeliefert,
sondern auch auf der unteren politischen Ebene aktiv handelnde
Subjekte, bei der Normenimplementierung und bei Suppliken zur
Erlangung von Ausnahmen und Vorteilen, so daß insgesamt auch
die Herrschaft vor Ort als eine «akzeptanzorientierte Herrschaft»
(S. Brakensiek), zu der ebenfalls zwei Seiten gehören, erkannt
wird. Schon wird überlegt, ob sich nicht der ganze Staat über
mehrere Ebenen der Individuen, der Kommunen und Städte, der
Länder, der Reichskreise und des Reiches föderal von unten her
aufbaute. Das zeigt die breite Grundierung des deutschen Föderalismus. Gerade die Epoche der barocken Höfe macht aber auch
deutlich, daß dabei die Landesstaaten eine politisch wie kulturell
besondere Ebene im föderalen Reichssystem darstellten.

2. Das Land der Höfe Versailles gilt als das seit Ludwig XIV. alles überragende Urbild der Höfe in Europa, und die deutschen
Höfe sind oft als lächerliche Kopien verspottet worden. Das ist

schon rein statistisch Unfug. Zwar sollen zum französischen Hof-
staat 10 000 Personen gehört haben, und zum deutschen nur maximal 1000, aber durch die Vielzahl der Residenzen war die höfische Gesellschaft in Deutschland weit zahlreicher – und das in regional bekömmlicher Verteilung. Das bot mit all den Hofämtern,
vom Hofmarschall bis zum Kämmerer, für Hofmeisterinnen und
Hofdamen, für das Dienst- und Küchenpersonal, aber auch für
Bildungsberufe wie Hofprediger, Hofbibliothekare oder den Hof-
narren mit der Narrenfreiheit des Intellektuellen sowie für Künst-
ler aller Arten oder den jüdischen Oberhoffaktor als Lieferanten
und Finanzexperten reichsweit vielfältige Beschäftigungsmöglichkeiten. Nirgendwo trat der deutsche Föderalismus so anschaulich
hervor wie in der Vielzahl der deutschen Residenzen.

Die auf den König hin orientierte «höfische Gesellschaft», die
Norbert Elias am Versailler Modell herausgearbeitet hat, ist dem
absolutistischen Mythos Ludwigs XIV. verpflichtet und nicht
auf die deutschen Verhältnisse übertragbar. Nach den Ergebnis-
sen der historischen Experten ist der Hof nicht so sehr als Herr-
scherveranstaltung, sondern als Karrierefeld für den Adel oder
Mitspracheeinrichtung für die Stände zu begreifen. Es gab ar-
beitsteilige Typen, wie den patriarchalischen Hof in Gotha oder
den Musenhof in Weimar, ebenso aber eine territorienübergrei-
fende Kommunikation der Höfe in Deutschland und Wettbewerb durch Repräsentationsaufwand.

Besonders charakteristische Ausprägungen der höfischen Gesellschaft waren das Fest und das Zeremoniell. Das höfische Fest
mit Solenitäten und Galatagen, Paraden und Einzügen, Ehren-
pforten und Tribünen, wie auch Landpartien und Jagden, stand
im Gegensatz zur bürgerlichen Arbeit, war jedoch kein reines
Vergnügen, sondern mit der Teilnahme konnte auch die Zugehörigkeit zum Hof dargestellt werden. Deutsche Festhauptstadt
wurde um 1700 Dresden unter dem einfallsreichen Regisseur
August dem Starken. Die ritterlichen Turniere wandelten sich
hier zu galanten Geschicklichkeitsspielen der Kavaliere und Hofdamen, die im bald überall nachgeahmten Damenringrennen sogar selbst die Lanze führten. Feuerwerke machten die Nacht
zum künstlichen Tag, und die Festgesellschaft feierte auf der

Elbe. Ein Exportschlager wurden die «Bauernhochzeiten» (hôtel allemande), in denen sich die höfischen Damen und Herren als Frauen und Männer aus dem Volk verkleideten. Doch gerade hier wurde die exklusive höfische Scheinwelt auch durchbrochen, zunehmend bezog Sachsens starker Dramaturg auch Echtvolk in den Spielplan ein. Im berühmten Zeithainer Lager gab 1730 ein militärisches Manöver Gelegenheit zu einer Leistungsschau des sächsischen Handwerks und Musiktheaters. Dazu schrieben Feuerwerker die schöne Parole «Frieden» an den Himmel, was den anwesenden preußischen Kronprinzen Friedrich offenbar nicht dauerhaft beeindruckte.

Das Hofzeremoniell hob die Herrscherstellung hervor, regelte den abgestuften Zugang zu ihm, symbolisierte Rang und Position der Hofmitglieder und formte aber auch die Begegnung der Höfe untereinander. Singulär in Deutschland wurde auch das zu einer lehr- und druckbaren Wissenschaft, mit Werken wie «Theatrum praecedentiae», «Hof-Ceremoniell» oder «Theatrum Ceremoniale» (J. C. Lünig, 1719). Im Land der Höfe fand diese anwendungsortientierte Zeremonialwissenschaft ihre Käufer. Neben den Rangfragen ging es dabei auch um eine höfische Verhaltenskonditionierung. Mit der strengen spanischen Hoftracht, dann mit der nach wechselnden Moden variierten Kleidung aus edlen farbigen Stoffen, dem Reifrock, der Kniebundhose und der als Kunstwerk erkennbaren Perücke, durch Speisenluxus, verfeinerte Tischsitten und regulierte höfische Umgangsformen grenzte sich die Hofgesellschaft als Elite ab. Elias sieht in dieser zunehmend körperfernen und das Verhalten künstlich regulierenden Tendenz eine Art Vorhut im «europäischen Zivilisationsprozeß». In der Tat wurde viel davon vom Bürgertum nachgeahmt und in die Gesamtkultur übernommen. Eine höfische Marotte wie das Essen mit der Gabel wurde mit vielen Tischsitten zum europäischen Standard. Bald trug jeder, der etwas darstellen mußte oder etwas auf sich hielt, eine Perücke oder einen Zopf, bis eine neue Zeit die «alten Zöpfe» buchstäblich abschnitt. Und aus dem höfischen Verhalten wurde das «höfliche», das der Freiherr von Knigge schließlich allen empfahl.

Unterschätzt dies aber nicht doch den eigenen zivilisatorischen

Beitrag bürgerlicher Urbanität? Das war kein Gegensatz. Um 1700 gab es in Deutschland zwar kaum Städte in der
Größenordnung europäischer Metropolen, dafür aber besonders viele. Die großen kulturtragenden Reichsstädte hatten ihren
Höhepunkt schon überschritten, aber dafür spezialisierten sich
mittlere Landstädte nun auf besondere Funktionen, so daß sich
Typen wie Messestädte, Handelsstädte oder Festungsstädte her-
ausbildeten. Der wichtigste und erfolgreichste Typ wurde gerade
die Residenzstadt, die gleichsam in Symbiose mit einem Hof
lebte. Das bestätigt die Leitfunktion der höfischen Kultur in dieser Zeit und zeigt die besonderen Verbindungswege zwischen
der adeligen und der bürgerlichen Kultur in der Kulturgemein-
schaft deutscher Residenzstädte.

3. Kulturleistungen des höfischen Barock Für diesen höfischen Bereich ist der Begriff des Barock besonders prägend geworden, der als architekturgeschichtlicher Stilbegriff auch auf
die ganze Epoche übertragen wird. Grundlegend ist die Domi-
nanz des Raumes, der erst seit der Neuzeit wirklich dreidimen-
sional gesehen, gestaltet und abgebildet wird, nirgendwo aber so
dominant wie in der Baukunst des Barock. Denn der raumgrei-
fende Repräsentationsstil fand mit seiner kraftvollen Formen-
sprache neben Kirchenbauten seinen idealen Ausdruck in der
Schloß- und Residenzarchitektur und bot mit seinen Saalfluch-
ten, geometrischen Gartenanlagen und Idealstädten (Karlsruhe,
Mannheim) dem höfischen Zeremoniell und Selbstverständnis
Gestaltungsmöglichkeiten. Durch die Vielzahl geistlicher wie
weltlicher Höfe wurde die Barockarchitektur in Deutschland geradezu landschaftsprägend.

In Wien planten und bauten unter Leopold I., Joseph I. und
Karl VI. Fischer von Erlach und J. L. v. Hildebrandt im «Kaiser-
stil» die Reichskanzlei, das modellgebende, langgezogene Schloß
Schönbrunn, Prinz Eugens Belvedere und die Karlskirche. In
Dresden wurde für die Hochzeit mit einer Kaisertochter an der
Stelle des Festungsgrabens («Zwinger») ein Festplatz errichtet
und mit einem symmetrischen Gebäudezug eingefaßt – ein arti-
stisches Spitzenwerk der Kooperation des Hofbaumeisters Pöp-

pelmann mit dem Bildhauer Permoser, denen eine einzigartige Integration von Baukörper und Figurenkörpern gelang. Der Zwinger, die wie ein Schiff die Elbe beherrschende Hofkirche, die Kuppel der von Stadtbaumeister Georg Bähr errichteten Frauenkirche begründeten den Ruhm der Barockstadt Dresden, den der Hofmaler Canaletto mit seinem Elbpanorama schon im 18. Jahrhundert im Bilde verbreitete. Eine weitere überragende Bauleistung verbindet sich mit dem fränkischen Adelsgeschlecht der Schönborn, die im 17. und 18. Jahrhundert die Mainbistümer Kurmainz, Bamberg und Würzburg besetzten – und bebauten. Die vom Stararchitekten Balthasar Neumann errichtete Würzburger Residenz vermittelt mit der mächtigen Fassade und dem vielnachgeahmten Treppenhaus einen überwältigenden Raumeindruck. Tiepolos Deckengemälde inszenierte den «Himmel auf Erden», aber gleichermaßen den Ruhm des Hauses Schönborn im Glanze des Reiches.

Kaum minder bedeutsam sind die barocken Residenzlandschaften in anderen Regionen, die wie unter dem damals reichsfürstlichen Erzbischof von Salzburg oder dem wittelsbachischen Baulöwen Clemens August von Köln und von vier weiteren geistlichen Staaten halb Nordwestdeutschland barockisierten. Besonders ehrgeizige Projekte sind die groß geplante, wenn auch nur zu einem Teil realisierte Schleißheimer Schloßanlage bei München und das überdimensionierte Stadtschloß in Berlin von Andreas Schlüter. Als erholsames Kontrastprogramm zu seiner Politik ließ sich dann ausgerechnet Friedrich der Große in Potsdam die Musenpavillons von Sanssoucis errichten. Eine ganz eigentümliche landschaftsprägende Erscheinung ist der süddeutsche Klosterbarock in Franken und Schwaben, den die Wessobrunner Schule um die Handwerkerfamilie Schmuzer mit dem modischen Stuck ausstattete und die quer über Deutschland eine Gipsspur bis nach St. Petersburg zog.

Für die Malerei, die nach der Sonderstellung der altdeutschen Schule der Dürerzeit eine breite Palette an Gebrauchskunst von der Herrscherrepräsentation bis zum Prinzessinnenmedaillon bereitstellte und an mythischen wie realistischen Themen die europäischen Sehgewohnheiten nachhaltig beeinflußte, war dies für Deutschland eine eher durchschnittliche Phase. Umso mehr wurden die Höfe als Sammler der europäischen Spitzenkunst aus dem italienischen und flämisch-niederländischen Raum wirksam. Höfische Bildersäle, Gemäldegalerien und Kunstkabinette und -gewölbe wurden keineswegs erst der Nachwelt allgemein zugänglich, sondern mit Führungen, Katalogen und Kunsttourismus zuerst im Augusteischen Dresden wie auch in München und Berlin bereits im 18. Jahrhundert zur Grundlage öffentlicher Museen mit kulturellem Bildungsauftrag.

Stärker aus dem städtischen Umfeld kam früh die Barockliteratur, der schon Martin Opitz 1624 mit der Programmschrift zur «deutschen Poeterey» den Weg wies, der zur Kriegsbewältigung durch formgerechte Lyrik wie auch durch den «Simplicissimus»-Roman von Grimmelshausen und zu Dichterclubs und Sprachgesellschaften führte. Aber mit der «Fruchtbringenden Gesellschaft» eines Fürsten von Anhalt-Köthen, Gryphius' Dramen und Lohensteins Romanen zog, unterfüttert von einer breiten Gelegenheitsdichtung um die Feste und Feiern, die höfische Welt und auch die weite Welt in das literarische Barock ein.

In der kulturellen Evaluierung nicht überhört werden darf schließlich, was in diesen barocken Räumen zum Klingen gebracht wurde. Je eigene Hofkapellen spielten Fest-, Tafel- und Tanzmusik und schufen mit bis zu 50 Instrumentalisten zur Steigerung der Wirkung eine gewaltige orchestrale Tradition mit bis heute gültigen Hörgewohnheiten. Mit Johann Sebastian Bach, Thomaskantor in Leipzig und wie seine Söhne Komponist für mehrere deutsche Höfe, und mit dem Transfer der deutschen Tonsprache nach London durch Händel und Haydn begann das noch heute gespielte Repertoire, das am Ende der Frühen Neuzeit mit Mozart und Beethoven in die Wiener Klassik mündete. Ganz und gar im Zentrum aber stand die Oper, die aus Italien kommend zur Leitkunst des höfischen wie bürgerlichen Zeitalters wurde.

Die Kosten waren enorm, und man fragt sich, warum sie aufgebracht wurden. Der Repräsentationsgewinn spielte sicher eine Rolle, doch sollte den Auftraggebern auch ein zweckloses Wohlgefallen an der Sache selbst zugebilligt werden. Die Abschöpfung von Ressourcen konnte für die Betroffenen schmerzhaft und kaum zu verantworten gewesen sein, aber die Ausgaben für Künste und Kultur waren im Vergleich zu allen anderen die nachhaltig wirkungsvollsten, aus denen die einzigartige deutsche Kulturlandschaft hervorging.

4. Neue Wissenskulturen: Pietismus und Frühaufklärung Zugleich aber bahnte sich in einigen deutschen Ländern auch schon eine neue Wissenskultur an, die in die Aufklärung mündete und das Barockzeitalter überholte und ablöste. Die deutsche Frühaufklärung begann gleichzeitig mit der westeuropäischen, setzte aber an anderen Punkten an und fand in der Ländergliederung eine Stütze. Genies und Universalgelehrte wie Leibniz und Lessing fanden als Hofbibliothekare oder andere Intellektuelle in anderen Hofämtern ihre Lebensgrundlage, und die deutschen Bildungslandschaften und besonders die Universitäten waren eng mit der föderalen Organisation verbunden. Denn die Bildungspolitik war bereits Ländersache und die Universitätsförderung eine der signifikantesten Leistungen der Territorialebene des Reiches. Die deutschen Universitäten wie Leipzig (1409), Tübingen (1477), Wittenberg (1502) und in einer weiteren Welle mit der Konfessionalisierung Marburg (1527), Jena (1548) und Gießen (1607), waren in erster Linie Landesuniversitäten für die theologische bzw. juristische Ausbildung von Pfarrern, Richtern und Beamten, boten aber zusammen mit neuen gelehrten Akademien wie Berlin (1700), Göttingen (1752) oder München (1759) Raum für weitere wissenschaftliche Interessenfelder. Zu einer ganzen Landschaft wissenschaftlicher Exzellenz wurde die Region um Sachsen, Anhalt und Thüringen mit der Fürstenschule von Schulpforta, der protestantischen Universität Wittenberg und ihrer Konkurrentin Jena sowie der Universität der Messe- und Bücherstadt Leipzig. Im an Kurbrandenburg gefallenen Halle kam es 1693 zur Neugründung einer Reformuniversität, für die nicht ohne Symbolwert der Propagandist des deutschen Fürstenstaats Seckendorff als Gründungskanzler gewonnen werden konnte. Und hier trafen nun zwei Bewegungen zusammen, die in eigentümlicher nachbarlicher Konkurrenz festgefahrene

Autoritäten kritisierten und eine freie Entfaltung einer neuen Wissenskultur heraufführten.

Die eine Richtung war der Pietismus, benannt nach dem Hauptwerk des Dresdner Oberhofpredigers und Berliner Konsistorialrats Philipp Jakob Spener «Pia Desideria», ein in gemeinsamen Bibelstunden für Laien genährtes «frommes Verlangen», das sich über die lutherische Dogmatik hinaus auf ein besseres praktisches Leben richtete. In Halle aber setzte sein Meisterschüler August Hermann Francke, der die Protektion des preußischen Königs genoß, diesen frühen Praxisbezug mit einem großdimensionierten Experiment um. Die Franckeschen Anstalten weiteten sich von einer Armenschule zu einer ganzen Schulstadt mit angeschlossenen Werkstätten, die einerseits dem preußischen Personalbedarf zuarbeiteten, andererseits weltweite Missions- und Wirtschaftsbeziehungen unterhielten. Der Gegensatz zur protestantischen Orthodoxie provozierte aber auch eine zu großer Form auflaufende Streitkultur mit ganzen Serien von Schriften und Gegenschriften und eigenen Zeitschriften, die im theologischen Gewande eine kritische wissenschaftliche Öffentlichkeit herstellte. In der Kritik an der «unvollendeten Reformation» Luthers, die einer Fortführung und Verbesserung der ganzen Lebenspraxis bedürfe, meldete sich bereits ein geschichtliches Veränderungs- und Innovationsbewußtsein, an das die Aufklärung direkt anknüpfen konnte.

Das andere, weithin wahrgenommene Profil der Universitätsstadt war die Hallensische Frühaufklärung. Christian Thomasius trat hier mit einer «Vernunft-Lehre», die sich im Vollton der Aufklärung gegen die «hochschädlichen Vorurteile menschlicher Autorität» richtete. Der Name des Thomasius ist für die signalgebenden ersten deutschsprachigen Vorlesungen an den Universitäten in die Geschichte eingegangen – ein Verlust für das Latein als akademische Verkehrssprache, aber ein Gewinn für den innerdeutschen Wissenstransfer und die kommunikative Einheit im föderalen Bildungssystem. Thomasius' Hallenser Kollege Christian Wolff entwickelte ein umfassendes rationalistisches System, das sich weit verbreitete und das wachsende Wissen in systematische Zusammenhänge brachte. Als Wolff mit dem frömmeren Francke

in Streit geriet und vom König hinausgeworfen wurde, erhielt er
gleich im hessischen Marburg wieder einen Lehrstuhl und konnte
dort seine Philosophie weiterlehren – ein damals vielgenutzter
Vorteil förderaler Bildungsorganisation. Eine andere Form der
Erschließung des Wissens wurden die Lexika: alphabetisch durch-
organisierte «Wissensmaschinen», die nicht mehr nur Wörter ver-
zeichneten, sondern portioniertes Wissen für den beschleunigten
Zugriff speicherten und wie auf Knopfdruck abrufbar machten.
Allen voran ging «der Zedler», das von einem Leipziger Verleger
organisierte «Grosse vollständige Universal-Lexicon» in 68 Fo-
liobänden, das auch halbe Lehrbücher verzettelte und eine Generation vor der französischen Encyclopédie die Kooperation von
Landesuniversität und medialer Kultur der Frühaufklärung auf
ihren Gipfel führte. Weniger als bisher gedacht mußten die Länder für die Schule tun, weil es dichte Schullandschaften bereits in
Selbstorganisation von unten auf städtischer und dörflicher Ebene
gab, der staatliche Schulpflicht und Lehrerausbildung erst relativ
spät nachfolgten.

Wenngleich so die Bildung Ländersache war, erst die höhere,
dann auch die Elementarbildung und die darüber hinaus rei-
chende Wissenskultur hier ihre regionalen und institutionellen
Stützen hatte, so war doch der interterritoriale Transfer der Wissenskulturen in Deutschland nie ein Problem, und im föderalen
System des 18. Jahrhunderts erst recht nicht. Die Universitäten
standen im Wettbewerb und wechselten sich in der Führungspo-
sition ab, nach dem frühaufgeklärten Halle und bald auch Leipzig bestimmte die aufgeklärte Musteruniversität Göttingen in
Kurhannover mit einer neuorganisierten Philosophischen Fakul-
tät, führenden Staats- und Geschichtswissenschaften und nicht
zuletzt der Vollendung der Reichspublizistik durch Johann Stephan Pütter sowie die von Goethes Weimar profitierende Universität Jena die zweite Jahrhunderthälfte. Aber alle und auch
andere Landesuniversitäten strahlten weithin über die deutsche
Bildungslandschaft aus. Erst recht aber gilt das für die Medien-
landschaft, für die aufgeklärte Öffentlichkeit und besonders die
literarische Kultur. Die Hochaufklärung war nicht Ländersache,
sondern gerade eine länderübergreifende Sache der ganzen deut-

schen Kulturnation. Für ihre literarischen Leistungen in der deutschen Sprache muß jedoch eine oft übersehene Vorleistung der politischen Kultur beachtet werden.

5. Das Reich der Schriftlichkeit und die Aufklärung Verglichen mit dem gebauten Föderalismus der Höfe war die gesamtstaatliche Reichsebene eher arm an eindrucksvollen baugeschichtlichen Zeugnissen. Stattdessen aber stellt sie sich dar als ein «Reich der Schriftlichkeit» (J. B.).

Die Reichsorgane produzierten Regalmeter von Akten, und einiges wurde schon in der Zeit selbst ediert, so daß eine frühe Öffentlichkeit für überterritoriale politische Beschlüsse hergestellt war. Dazu kam eine Reichspublizistik und eine Vielzahl von die Reichsereignisse kommentierenden Flugschriften und Traktaten sowie das sich früh etablierende Zeitungs- und Zeitschriftenwesen. Die hochentwickelte Reichspost und angeschlossene Landesposten in Sachsen, Preußen und Hannover überzogen das Reich mit Informationskanälen, auf denen die Korrespondenz der zahllosen Höfe und Gesandten wie auch die Privatpost schnell, regelmäßig und verläßlich transportiert wurde und so Deutschland zu einem gesamtstaatlichen Kommunikationsraum zusammenschloß.

Und dies nicht nur organisatorisch. Denn gleichermaßen ist in Rechnung zu stellen, daß es eine überall verständliche deutsche Amtsprache gab. Trotz des akademischen Lateins und des höfischen und diplomatischen Französisch wurden alle Reichsangelegenheiten die ganze Frühe Neuzeit über fast ausschließlich auf Deutsch verhandelt. 300 Jahre lang korrespondierten die Reichsstände deutsch, wurden die Verhandlungen am Reichstag, am Reichskammergericht, am Reichshofrat und in den Reichskreisen in der Landessprache geführt, alle Gesetze und Ordnungen in deutscher Sprache erlassen. Das Reich sprach deutsch und schrieb es auch.

Die Bedeutung dieser politischen Sprachenwahl für die Kultur- und Sprachgeschichte kann gar nicht überschätzt werden. Es wird oft gesagt, die Deutschen hätten sich wegen einer unbefriedigenden Politik mit der Kultur getröstet und seien statt einer politischen Nation zu einer Kulturnation geworden. Die Sprache bringt es an den Tag, daß dem nicht so ist. Es ist nicht richtig, daß Politik und Kultur in Deutschland in einem Gegensatz gestanden hätten, sondern die föderale Politik legte selbst die Grundlagen für die literarische Kultur in Deutschland.

So ermöglichte diese länderübergreifend einheitliche Amts- und Druckersprache einen gewaltigen Anstieg der Buchproduktion im Jahrhundert der Aufklärung, und damit verbunden eine dramatische Gewichtsverlagerung von lateinischen zu deutschen Titeln. Die in Deutschland bereits seit dem 17. Jahrhundert verbreiteten Periodika erlebten eine schubartige Zunahme, spezifiziert in Postzeitungen, Messrelationen, Börsenblätter, Frauenzimmerzeitschriften, Musenalmanache, Intelligenzblätter (= «Mitteilungsblätter») und die stilprägenden sogenannten Moralischen Wochenschriften, die oft schon im Titel die kritische Vernunft, die «Macht der Vorurteile» oder andere aufgeklärte Leit- oder Feindbegriffe umkreisen. Der literarische Markt organisierte sich weiter, nach den großen Leistungen Frankfurts am Main nun umso stärker die andere Buchmessestadt Leipzig. Um 1700 gab es bereits 3000, am Ende des Jahrhunderts sogar 10000 lebende Autoren. Auf der Publikumsseite erleichterten Kaffeehäuser und organisierte Lesegesellschaften, die gemeinsam neue Literatur bezogen und diskutierten, einen breiteren Zugang, gleichsam als mediales Leitbild des aufgeklärten Sozietätswesens und einer ganzen Kommunikationsgesellschaft.

Wie schon die reformatorische Öffentlichkeit war auch diese zweite klassische Verdichtung einer mediengestützten Öffentlichkeit in der Aufklärung nicht nur ständeübergreifend, sondern überregional die deutschen Länder übergreifend. Neben der grundlegenden formalen Einheit der Sprache bildete nun die Vernunft das für den Diskurs einheitsstiftende Kriterium, das die Bibeloffenbarung als letztgültigen Maßstab ablöste oder ihr in Deutschland meist schonend überordnete. Auf diesem breiten Fundament der Sprachgemeinschaft, des Medienschubs und einer aufgeklärten Vernunftnorm konstituierte sich schließlich eine literarisch-philosophische Spitzenkultur, die bis in die Gegenwart zum deutschen Bildungsrepertoire gehörte. Für die Aufklärung kommt Gotthold Ephraim Lessing eine einzigartige Stellung als Theoretiker zu, dessen Dramen darüber hinaus als die einzigen aus einer unglaublichen Menge bürgerlicher Dramen und Lustspiele auf dem Spielplan geblieben sind. Aber von hier ging auch das unverwechselbare daseinsveredelnde Pathos der Weimarer Literaturklassik um Goethe und Schiller aus, und dieser Ansatz steigerte sich auch zu den erkenntnistheoretischen und geschichtsphilosophischen Werken, die um 1800 von Kant bis Hegel den unüberbotenen Höhepunkt des europäischen Denkens überhaupt erreichten.

IX. Die deutschen Sezessionskriege – und der Triumph des Reiches

In all der eindrucksvollen politischen und kulturellen Entwicklung des barocken und aufgeklärten Deutschlands blieben dem Reich jedoch Kriege und Krisen auch im 18. Jahrhundert nicht erspart. Stets sind sie auf dem Hintergrund eines immer noch friedlosen Europas zu sehen, aber mehrfach war es das Fehlverhalten einzelner Reichsglieder, die sie zu einer großen Gefahr für den Bestand des Reiches deutscher Nation werden ließen. Stets jedoch gelang es auch einer von den Medien mobilisierten öffentlichen Meinung und dem Reichsmanagement an den Höfen und in den Gremien, die Krisen zu überwinden, aus denen das Reich sogar gestärkt hervorging. Die drei spektakulärsten, mit den großen Kriegen des Jahrhunderts verbundenen Fälle können das zu Bewußtsein bringen.

1. Die Bayerische Sezession im Spanischen Erbfolgekrieg (1701–1714) Der Spanische Erbfolgekrieg ging das Reich deutscher Nation direkt eigentlich nichts an. Als der letzte spanische Habsburger Karl II. pünktlich zur Jahrhundertwende ohne Erben starb, war die Frage, ob ein französischer oder aber ein Kandidat aus der deutschen Linie der Habsburger Spanien mit all seinen Nebenländern erben würde – die jedoch schon den regierenden Kaiser Leopold I. stellte. Nach deutscher Vorstellung schien klar, daß beim Aussterben einer habsburgischen Linie die andere das Erbe übernehmen würde (Majoratsrecht). Zwar hatte ausgerechnet die französische Dynastie die ältere Erbschwester erheiratet, die deutschen Habsburger nur die jüngere, aber alle Folgen daraus und weitere Alternativen waren durch Erbverzichte und Hausverträge ausgeschlossen worden, zugunsten eines etwas umwegigen Erbganges zu Kaiser Leopold und seinen Söhnen aus zweiter Ehe. Nun wußten alle, auch die Wiener Diplomatie, daß nicht einer alles bekommen könne – allein in Europa Spanien, die südlichen Niederlande und halb Italien – ohne das noch junge Staatensystem in Frage zu stellen, und es gab bereits internationale Pläne und Verträge, die auf eine Teilung zwischen den habsburgisch-französischen Antagonisten oder wenigstens innerhalb der erbenden Dynastie hinausliefen oder auf Drittkandidaten und kombinierte Lösungen. Zum Erstaunen Europas setzte das Testament des spanischen Königs jedoch einen französischen Prinzen als Alleinerben ein – und Ludwig XIV. griff zu. Schiebung, hieß es in Deutschland, mit langem Nachhall in der Geschichtsschreibung, aber in Zeiten der deutsch-französischen Freundschaft heißt es heute, er habe gar keine andere Wahl gehabt. Denn das vom Spanischen Staatsrat gelenkte Testament wollte, wie auch immer, die spanische Monarchie ungeteilt erhalten, gab ohne Rücksicht auf die Rechtslage der etwas direkteren Blutsverwandtschaft den Vorzug, sprach aber im Falle einer französischen Erbausschlagung ersatzweise alles Wien zu. Natürlich hätte man jetzt verhandeln sollen, aber im Zeichen der habsburgisch-französischen Erbfeindschaft zeigte das französische Conseil mit dem Finger auf den Habsburgischen Universalismus in der Vergangenheit – und nahm ihn in der Gegenwart wieder selbst in Anspruch, indem man den französischen Thronfolger selbst außerdem noch als spanischen König nach Madrid schickte. Das bedeutete Krieg. Prinz Eugen sicherte militärisch Italien, und der Kaiserhof schickte nicht den künftigen Kaiser Joseph, sondern seinen für Europa akzeptableren Bruder Karl als Gegenkönig nach Barcelona und schloß noch unter Wilhelm von Oranien die Große Haager Allianz mit den Seemächten Holland und England, das sich zur Wahrung des europäischen Gleichgewichts gegen Frankreich stellte.

Und das Reich? Mit den armierten Reichsständen Kurbrandenburg, das sich dafür des Kaisers Unterstützung für die Preußische Königskrone holte, und Kurhannover konnte der Kaiser besondere Hilfsleistungen vereinbaren. Aber das Reich als Ganzes hatte, wie man in Wien schnell einsehen mußte, keine Lust auf den nächsten Krieg und versuchte, sich so lange und so gut wie möglich herauszuhalten. Noch einmal übernahm ein Schönborn in Gestalt des Mainzer Kurfürsten und Reichserzkanzlers Lothar Franz eine Führungsstellung in der föderalen Reichspolitik. Daß Schönborn dabei in Wahrheit nur Haus- und territoriale Interessenpolitik getrieben habe, wie gegen die reichspatriotischen Quellen behauptet wurde, ist eine für diese reichsamtliche Funktionselite mit ihren Loyalitäten ganz abwegige Unterstellung. Zusätzlich gestützt auch auf das fränkische Kreisdirektorium als Bischof von Bamberg, betrieb er eine auch den Schwäbischen und die Rheinischen Kreise einbeziehende defensive, kollektive Sicherheitspolitik, die in der Nördlinger Kreisassoziation neue und erweiterte Formen fand. Zunächst hofften die Kreise, mit einer Art wohlwollender bewaffneter Neutralität zwischen Frankreich und dem Kaisertum durchzukommen, aber das erwies sich als Illusion, und es gab bald Anlaß, um der eigenen Sicherheit willen wie aus reichspolitischen Gründen die Hilfe des Kaisers anzunehmen und zurückzugeben.

Plötzlich nämlich wurde das Reich nicht nur von erneut eindringenden französischen Heeren, sondern vom Fehlverhalten zweier erstmals offen mit ihnen paktierenden Reichsfürsten erschüttert: von Kurfürst Max Emanuel von Bayern, dem sich sein kurfürstlicher Bruder in Köln anschloß. Der bayerische Kurfürst hatte sich auf einem dritten Erbweg ein Anrecht für seinen unmündigen Sohn erheiratet, und sah nicht ganz zu Unrecht die spanische Krone schon in seinem Hause, als das sechsjährige Kind vorzeitig starb und alle Chancen schwanden. Enttäuscht suchte er nach Kompensationen, ja scheute sich nicht, dem verblüfften Kaiser sein Bayern für eine souveräne Krone in Sizilien anzubieten und wurde schließlich mit Frankreich handelseinig: Erst sollte er die Nördlinger Assoziation unterwandern, die aber den Beitritt des überrüsteten Nachbarn hinhaltend abzuwehren verstand, dann schloß er gar ein offensives Kriegsbündnis mit Ludwig XIV., besetzte Ulm, und bald verheerten bayerisch-französische Truppen ganz Schwaben und mehr. Dieser als «Bayerische Diversion» verharmloste, aber auch als «Reichsverrat» gebrandmarkte Krieg war nach der Rechtslage der Zeit mehrfach qualifizierter Verfassungsbruch. Denn es war ein verbotenes Bündnis gegen Kaiser und Reich, ein offener Landfriedensbruch eines Reichsstandes, und dahinter stand auch noch ein Kriegsziel, das einen Anschlag auf das ganze Reichssystem darstellte: Vereinbart war die Errichtung eines souveränen Königreichs Großbayern, das aus den eroberten und teilweise schon annektierten Gebieten bestehen sollte. Das ging über die souveränen Kronen anderer Reichsstände weit hinaus, die stets Personalunionen mit souveränen Gebieten außerhalb des Reiches waren: Sachsen-Polen, Brandenburg-Preußen und später Hannover-England. Hier standen die Existenz des Reiches und der Weg der deutschen Geschichte zur Disposition, es war schlicht ein bayerischer Sezessionskrieg.

Aber die integrativen Kräfte des Reiches erwiesen sich als weit stärker. Kurfürstliche Kollegen intervenierten, damit das Reich «vor seinem totalen Untergang gerettet werde». Am Reichstag legten wittelsbachische Gesandte ihr peinlich gewordenes Mandat nieder, und einer klagte, man behandle ihn «wie ein abgesondertes Schaaf». Dem Reichstag blieb gar nichts anderes, als nun zum dritten Mal den Reichskrieg gegen Frankreich und seine «Helfershelfer» zu beschließen. Und eine gewaltige Welle aufgebrachter Publizistik gab den Wittelsbachern die Verantwortung für diesen «innerlichen» oder «bayerisch-deutschen» Krieg. «Dem Kaiser und dem ganzen Reich bist du nit mächtig g'nug und gleich», scholl es Max Emanuel 1703 im Volkslied entgegen. Die publizistische Schlacht hatte er schon verloren, als die militärische nachfolgte: die Entscheidungsschlacht von Höchstädt am 13. August 1704. Der große Sieger war der Herzog von Marlborough, der im Verein mit den deutschen Alliierten die bayerisch-französische Armee so vernichtend schlug, daß der Wittelsbacher sein Land preisgab und mit den verbliebenen Einheiten in das französische Flandern floh. Ein Leichenfeld von 10 000 Toten blieb an der Donau zurück. Marlboroughs Nachfahre, der Weltkriegspremier Winston Churchill, feierte diesen Sieg von Blenheim (Blindheim) in einer großen Biographie als Wende zur britischen Weltstellung, und dazu paßt auch das großdimensionierte Blenheim-Castle bei Oxford. Aber genauso symbolisch war es, daß der Brite für seine Verdienste auch zum deutschen Reichsfürsten von Mindelheim erhoben wurde. Das Reich war mit dem eingeworbenen englischen Beistand gerettet und nahm wieder kräftig Fahrt auf. Der neue tatkräftige Kaiser Joseph I. verhängte, gestützt auf den Reichshofrat und die Kurfürsten, in einer vielbeachteten Zeremonie, in der Reichsherolde die Lehensbriefe zerrissen, die Reichsacht über die wittelsbachischen Brüder, entzog ihnen die Kurwürde und stellte das verwaiste Land vorläufig unter kaiserliche Verwaltung. In der Kriegssituation preßte die nun freilich ihrerseits das Land so rücksichtslos aus, daß sie einen Aufstand provozierte, der allzu blutig niedergeschlagen wurde.

Ein Kapitel für sich war eine neue forcierte Italienpolitik des Kaisers, bei der es gar zu einer zum Glück diesmal unblutig ausgehenden Konfrontation mit päpstlichen Truppen im Kirchenstaat kam, die teils als problematische, teils als starke Reichspolitik wahrgenommen wurde. Aber auch die Reichsgerichte und andere Reichsinstitutionen erhielten neue Anstöße, und es gelang Joseph unter anderem im Kurkollegium die Aufnahme Hannovers und die bisher am Reichstag nicht realisierte Stimme Böhmens und damit seine eigene durchzusetzen. Die Präsenz des Kaisers im Reich erhöhte sich noch einmal, aber es gelangte auch mehr Reich nach Wien. Friedrich Karl von Schönborn, ein Neffe des Reichserzkanzlers, wurde in Wien seit Joseph I. der über viele Jahre wohl profilierteste Reichsvizekanzler und Chef der Reichskanzlei, ungewöhnlicherweise sogar mit einem Sitz im engsten Beraterteam des Kaisers. Dank seiner amtlichen wie familiären Korrespondenz mit Erzkanzler Lothar Franz wurde der Vizekanzler im Interesse des ganzen Reiches zum idealen Ver-

mittler zwischen Wien und Mainz. Nur die ständige Wahlkapitulation konnte nicht ganz vollendet und verabschiedet werden,
galt aber künftig als halbamtliche Capitulatio Perpetua. Denn
zur Bestürzung des Reiches starb der noch junge Kaiser 1711 in
einer Pockenepidemie.

Der letzte männliche Habsburger mußte nun aus Spanien für
die Kaiserkandidatur geholt werden, die auch Erfolg hatte. Aber
mit diesem Kaiser Karl VI. wäre das Erbe wieder ungetrennt an
die Habsburger gefallen, und so verständigte sich eine neue englische Regierung über den Kopf des neuen Kaisers hinweg mit
Frankreich auf eine für Europa akzeptable Teilung im Frieden zu
Utrecht, die ein Jahr später in Rastatt von den Heerführern Prinz
Eugen und Villars noch einmal nachgebessert wurde. Spanien
wurde mit den Kolonien bourbonisch, aber von Frankreich ge-
trennt, Österreich erhielt die südlichen Niederlande und fortan
wechselnde Länder in Italien. Max Emanuel konnte in sein Land
zurückkehren, und die Wittelsbacher trieben nach dieser Erfahrung systemgerechtere Reichspolitik, mit der sie weit erfolgreicher wurden. Die Nördlinger Kreisassoziation hatte ihr er-
weitertes Kriegsziel der Rückgewinnung Straßburgs und der
Errichtung einer vorgeschobenen, befestigten Reichsbarriere gegen den unruhigen Nachbarn nicht erreicht. Aber Schönborns
Bundesorganisation, die sogar als internationaler Verhandlungs-
partner akzeptiert wurde, hat es fertiggebracht, mit vergleichbar
geringen Kosten an Menschenleben und an Rüstungsaufwand
den Status quo so elastisch zu verteidigen, daß am Ende der Vorkriegszustand praktisch wiederhergestellt werden konnte.

Auf eigentümliche Weise behielt das Reich in diesem Krieg das
letzte Wort. Denn obwohl inhaltlich gar nichts mehr geändert
wurde, fand noch ein abschließender Friedenskongreß in Baden
in der Schweiz statt, auf dem der Vertrag in die zweite Reichssprache Latein für den übernationalen Gebrauch übersetzt
wurde. Daß dafür 82 Gesandtschaften angereist waren, gibt zu
erkennen, daß es sich auch schon um die ersten Konsultations-
kongresse handelte, die in der vergleichsweise friedlicheren Zeit
Karls VI. als vertrauensbildende Maßnahme zur Kriegsverhü-
tung in Reich und Europa abgehalten wurden. An dieser Kon-

greßdiplomatie wie an den künftigen Friedensverhandlungen
hat sich eine besonders große Zahl deutscher Politiker und Ge-
sandter in aller Herren Länder Diensten beteiligt – ein noch un-
tersuchungswürdiger Fall von Friedensexport.

**2. Die ersten Friderizianischen Staatsbildungskriege und das
Frankfurter Reichsexperiment (1740–1745)** Nachdem in der
Neuzeit ein Habsburger nach dem anderen Kaiser geworden
war, konnte man, wenn man nicht wußte, wie zäh und kompro-
mißbereit das jedes Mal gegen alternative Möglichkeiten ausgehandelt werden mußte, daran zweifeln, daß Deutschland wirklich die von der Goldenen Bulle verordnete Wahlmonarchie geblieben war. Sollten die Kurfürsten nicht wenigstens ein einziges
Mal zeigen, daß sie auch anders konnten? Im Jahre 1742 taten
sie es, und das mitten in einer der größten Krisen der Reichsgeschichte. Denn im Jahre 1740 war mit Kaiser Karl VI. der
letzte männliche Habsburger gestorben, und er hatte für die
Nachfolge seiner Tochter Maria Theresia im österreichischen
Erzhaus vorgesorgt, für das Kaiseramt aber konnte er das nicht.
Der von Wien als Ersatzkandidat präsentierte Ehegatte Maria
Theresias, Franz Stephan von Lothringen-Toskana, überzeugte
im ersten Anlauf nicht, und so trat ein über einjähriges Interregnum ein.

Langweilig wurde es ohne Kaiser nicht. Denn der nächste Friedensstörer war König Friedrich II. von Preußen und Kurfürst
von Brandenburg, der dabei mehr Erfolg hatte als sein wittels-
bachischer Vorläufer, und als Friedrich der Große in die Geschichte einging. Geistreich und gebildet und in der französischen
Sprache und Kultur wie auf vielen Wissensgebieten zu Hause,
hatte er nicht richtig Deutsch gelernt und verstand vor allem gar
nichts von Reichsgeschichte und Reichsrecht – vielleicht der historisch folgenreichste Fall einer Bildungslücke. In der Jugend
nämlich durch einen demütigenden Vater, Flucht und Hinrich-
tung seines Freundes und eine erzwungene Heirat wider seine
Natur psychisch erkennbar belastet, kam der unter Tatendruck
stehende Friedrich 1740 zur Regierung, fand ein hochgerüstetes
Heer von 80 000 Mann vor und schlug ohne alle Bedenken los,

als im gleichen Jahr Maria Theresia ihr Erbe antrat. Um sich «einen Namen zu machen», bekannte er später, aber auch mit dem beratungsresistent verfolgten politischen Ziel, einer Nachholstaatsbildung Preußens als souveräner europäischer Macht.

Dabei war die Pragmatische Sanktion, mit der die weibliche Erbfolge im Erzhaus Österreich auf Maria Theresia gelenkt wurde, die bestgesichertste Sukzessionsregulierung der Epoche, die nicht nur von den österreichischen Landständen und den europäischen Mächten garantiert worden war, sondern 1732 auch per Reichstagsbeschluß für alle Reichsstände verbindliches, gültiges Reichsrecht wurde. Um so entsetzter war die Reaktion, als ein Friedensstörer ins unverteidigte österreichische Schlesien einfiel und es militärisch besetzte. Erst auf diese Empörung hin ließ Friedrich überhaupt nach rechtfertigenden Gründen suchen, erfand erst nachträglich einen Präventivkrieg und bestellte sich schließlich einen Erbfolgekrieg bei seinen Juraprofessoren, die aber nur längst abgegoltene Anrechte auf dreieinhalb schlesische Kleinherrschaften konstruieren konnten, die mit dem Wiener Herrschaftswechsel gar nichts zu tun hatten. So fanden sich auf Einladung des sächsischen Staatsmanns Graf Brühl Vertreter europäischer Mächte zur Dresdner Konferenz zusammen, planten eine Art Polizeiaktion gegen den Unruhestifter, und schon versuchte Graf Neipperg mit der überlegenen österreichischen Kavallerie die Preußen aus Schlesien zu vertreiben. Der künftige Kriegsheld Friedrich hatte die erste Schlacht bereits verloren gegeben (Mollwitz, 1741), und war in die nächste Stadt geflohen, um dort zu erfahren, daß er sie vielmehr im letzten Moment doch gewonnen hatte.

Nach diesem unerwarteten militärischen Mißerfolg des Wiener Hofes bestand nun der offene Kriegszustand, in den jetzt auch das ursprünglich friedenswillige Frankreich und deutsche Reichsfürsten eingriffen, und zwar gegen den Wiener Hof, der im Interregnum nicht mehr der unantastbare Kaiserhof war. Namentlich der bayerische Kurfürst Karl Albrecht verfügte über an der Pragmatischen Sanktion vorbeiinterpretierbare altvertragliche Ansprüche, nach denen beim Erlöschen des Hauses Habsburg das Haus Wittelsbach alles übernehmen sollte. Aber war es erloschen? Normalerweise hätte man nun auf dem Rechtsweg und diplomatisch etwas aushandeln können, aber jetzt machte das preußische Beispiel Schule, und Karl Albrecht ließ sich vom Führer der neuen französischen Kriegspartei Belle-Isles, der eigens nach München gekommen war, zu einem gemeinsamen Feldzug bewegen. Ein bayerisch-französisches Heer zog schon auf Wien zu, aber Maria Theresias Hauptstadt erschien dem Kurfürsten dann doch als ein zu großer Brocken, und er bog ab und nahm mit seinen Verbündeten lieber Prag ein. In dieser gefährlichen Situation gab Maria Theresia vorläufig einen Teil Schlesiens mit der Festung Neiße preis, um dafür den preußischen Hauptkriegsgegner für einige Wochen zum Stillhalten zu bringen, die ihr genügten (Konvention von Kleinschnellendorf). Denn gegen alle anderen Erbkonstrukte setzten Hof und Land auf die präsente Herrscherin, die mit der Geburt Josephs (II.) die Zukunft eines Hauses Habsburg-Lothringen begründete, und sich die ungarische Krone und Militärhilfe sicherte. Tatsächlich gelang es nun, die österreichischen Länder zu befreien und wieder einmal umgekehrt Bayern zu besetzen. Mitte Februar 1742 fiel München. Der Kurfürst aber erlebte die Besetzung seiner Hauptstadt nur aus der Ferne mit. Er war gerade in Frankfurt, um sich fast im selben Moment – am 12. Februar – zum Kaiser krönen zu lassen.

Unabhängig vom Sukzessionskrieg der Häuser gab es nämlich eine starke publizistische Reichsreformbewegung, die diese Gelegenheit nutzen wollte, um die Verbindung mit den Habsburgern, die dem Reich mächtigen Schutz, aber auch immer wieder Verwicklungen in die europäische Geschichte eingetragen hatte, in Frage zu stellen. Es kam sogar der Gedanke auf, ob das föderale Reichssystem denn überhaupt einen Kaiser benötige, doch die Erfahrung des einjährigen Interregnums belehrte das Reich schnell eines Besseren. Aber ein mehr reichsständischer Kaiser sollte es sein, und hier hatte nur Karl Albrecht, gestützt auf eine wittelsbachische Hausunion mit Kurpfalz und Kurköln (1724) und seine Verbündeten eine echte Mehrheitschance. Der Mainzer Erzkanzler Philipp Karl von Eltz war an sich ein Parteigänger Habsburgs, ordnete aber schließlich seine Amtspflicht über und gab selbst das Signal, den mehrheitsfähigen Wittelsbacher zu wählen, um das Interregnum zu beenden, in dem auch die Reichsinstitutionen nur eingeschränkt funktionsfähig waren. Unter gelungener wissenschaftlicher Politikberatung gerieten die Ergänzungen zur Wahlkapitulation, die der führende Verfassungsexperte Johann Jacob Moser in einem über tausendseitigen Protokoll- und Kommentarband festhielt, zu einer kleinen Reichsreform. Eine ausgesucht feierliche Krönungszeremonie, in der Eltz die Krönung dem Kurkölner Kaiserbruder überließ, und in der wieder einmal die Kaiserin von zwei Reichsprälaten mitgekrönt wurde, inszenierte werbewirksam Legitimität und Kontinuität dieses Neuanfangs, und als darauf die Hiobspost aus München kam, nahm Karl VII. gleich Residenz in Frankfurt, das fortan für drei Jahre zur Hauptstadt des Reiches wurde. Selbst der Reichstag siedelte von Regensburg nach Frankfurt über, und ein hochkarätiger neuer Reichshofrat wurde gebildet. Es spricht für die hohe Verfassungskultur des Reiches, daß sogar der ehemalige Wiener Reichsvizekanzler Schönborn dem Kaiser, der nun einmal «leider» gewählt worden war, mit Rat zur Seite stand. Zur Wahrung der Kontinuität übernahm der Kaiser aber auch bewährte Spitzenbeamte und installierte mit einem Prinzipalkommissar aus der gefürsteten Postmeisterfamilie Thurn und Taxis eine in habsburgischer Zeit wieder aufgenommene Tradition der Kaiservertretung am Reichstag. Für die Repräsentation und Administration bewilligte der Reichstag dem Kaiser ohne Land stattliche dreieinhalb Millionen Gulden, die trotz der Kriegssituation zu zwei Dritteln auch eingingen.

Und der Krieg? Bemerkenswerterweise stellte die Kriegspublizistik beider Seiten das Wohl und Recht des Reiches heraus, in dessen Interesse man handele, und das sich nach anderen Propagandaversionen als die letztgültige Norm erwies. Auch König Friedrich erkannte das und nutzte den Aufstieg seines Verbündeten zum Kaiser, dessen Amt zur Legitimierung einzusetzen. So erfuhren die verblüfften Sachsen, daß die durch ihr Land ziehende und die sächsischen Truppen requirierende Armee gar keine Preußen, sondern eine «kaiserliche Auxiliararmee» sei. Das war grobe Reichsmaskerade, vielleicht aber der erste Anstoß für einen reichspolitischen Lernprozeß Friedrichs. Der Versuch, der in einem zweiten «Schlesischen» Krieg gleich noch einmal wiederholt wurde, Maria Theresia auch noch Böhmen zu entreißen, endete jedoch zweimal in einer Kriegskatastrophe, in der die preußischen und die mitgezwungenen sächsischen Soldaten regelrecht ausmanövriert wurden und zum größten Teil umkamen. Am Ende konnte der königliche Risikospieler nur mit drei Schlachten, die er dreimal in Folge gewann (Hohenfriedberg, Soor und Kesselsdorf bei Dresden) im Weihnachtsfrieden von Dresden (1745) allein Schlesien auf Dauer gewinnen.

Ebenso aber stellten auch der Wiener Hof und seine Publizistik reichspatriotische Argumente heraus und trafen mit der Kritik an der Anlehnung Karls VII. an Frankreich auf auch von anderen geteilte Bedenken. Vor allem verunsicherte eine Fehlleistung Karls VII. die eigenen Anhänger, als der Kaiser den immer noch reichsunerfahrenen preußischen Rat aufgreifen wollte, doch zur Vergrößerung seiner Machtbasis einfach einige geistliche Fürstentümer zu säkularisieren. Dafür aber war er nicht gewählt worden, denn das waren zusammen mit den mindermächtigen Reichsständen die sichersten Partner eines jeden Kaisers, und ihre Beseitigung hätte das ganze Reichssystem zum Einsturz gebracht. Ebendies sagten auch der nun wieder gefragte Wiener Hof und seine Publizistik, für jedes Dementi war es zu spät, und die öffentliche Meinung kippte endgültig. Und nun kam auch die langerwartete Pragmatische Armee, vom englischen König Georg II. in Person geführt, der zugleich der reichsbewußte Kurfürst von Hannover war, und entschied in der Schlacht von Dettingen bei Aschaffenburg unter Schonung des Frankfurter Kaisertums den Erbfolgekrieg zu Gunsten Maria Theresias, geradezu symbolisch instrumentiert durch das Dettinger Tedeum des deutschen Komponisten Händel in London. Karl VII. konnte noch einmal nach München zurückkehren, aber Anfang 1745 ist der am Ende glücklose Kaiser gestorben. Im Frieden zu Füssen erhielt sein Sohn das Kurfürstentum zurück, das Kaisertum aber ging nun wieder an Wien. Im Herbst 1745 wurden in Frankfurt Wahl und Krönung von Franz I. vollzogen. Maria Theresia, die später als «Kaiserin» bekannter wurde als ihr Gatte, war zugegen, ließ sich aber noch nicht mitkrönen. Mit Ausnahme Schlesiens hatte sie ihr Erbe im Reich gewahrt, wenngleich der Österreichische Erbfolgekrieg in Italien und in den Niederlanden weitergeführt und erst mit dem Frieden von Aachen (1748) beendet wurde.

Das Reich aber hatte gezeigt, daß es noch immer für eine Überraschung gut war, auch in schwierigen Situationen institutionell perfekt funktionierte und dabei reformfähig blieb. Zwar ließ sich das reichsständische Kaisertum nicht von dynastischen Interessen lösen und als Modell fortsetzen, aber das Reich hatte in diesem Experiment und der kleinen Frankfurter Reichsreform seine institutionelle Autonomie gestärkt. Reichstag und Reichsadministration hatten loyal das Reichsoberhaupt unterstützt, nicht aber seinen Sukzessionskrieg, sondern Distanz zu beiden Kriegsparteien gehalten. Stattdessen haben Reichserzkanzler, Reichstag und Reichsbehörden in Frankfurt in verschiedenen Anläufen daran gearbeitet, den Frieden und «Reichsruhestand» wiederherzustellen, und erst über eine nach Auswegen suchende «Reichsmediation» beraten, dann mit Sondierungen und vertrauensbildenden Maßnahmen für die Wiederannäherung der beiden Höfe und die Herstellung der Rechtskontinuität zwischen den Kaiserepochen gesorgt. So wurde es auch möglich, daß schon drei Jahre vor dem europäischen Friedensschluß im Reich wieder Frieden herrschte. Als der neue Kaiser einen Antrag auf Unterstützung für diesen auswärtigen Fortsetzungskrieg stellte, versprach der Erzkanzler sein Bestes zu tun, und man diskutierte so lange, ob man vielleicht die Nördlinger Assoziation wiederaufleben lassen sollte oder eine neue gründen, oder auf einem anderen Wege eventuell dem Kaiser helfen wolle, bis der Krieg aus war. Die neuere Geschichtsschreibung erkennt hier die freundliche Form einer Kriegsverweigerung für europäische Großmachtinteressen durch das nach dem Frankfurter Experiment noch selbstbewußter gewordene Reich.

3. Der Siebenjährige Krieg Friedrichs des Großen gegen das Reich (1756–1763)   Im Jahre 1756 versuchte der nun berühmte große Friedensstörer, den preußischen Staat durch die Eroberung

des Nachbarkurfürstentums und möglichst gleich noch Westpreußens abzurunden. König Friedrich hat diesen Plan jedoch so
gut im geheimsten Teil eines geheimen Politischen Testaments
versteckt und als politisches «Traumziel» (*rêveries politiques*)
kodiert, daß die Historiker das erst an der Wende zum 20. Jahrhundert entdeckt haben und viele es bis heute nicht glauben wol-
len oder es für Traumtänzerei halten, die angesichts der realen
politischen Verhältnisse nicht ernst gemeint gewesen sein könne.
Friedrich ist jedoch genau nach Plan aus einer inszenierten Verteidigungssituation heraus tatsächlich in Sachsen eingefallen,
hat es zäher als sein eigenes Land zu halten versucht und vor
Kriegsbeginn einen Brief zur Annexion Westpreußens diktiert,
wie er eindeutiger nicht sein könnte (Politische Correspondenz
12, S. 451). Das besondere an diesem Fall aber ist, daß doch
auch die Verteidigungssituation eine echte war.

In Wien nämlich war mit Wenzel Graf Kaunitz ein Spitzen-
politiker der Epoche in Position gerückt, auf den Maria Theresia
Hoffnungen auf eine Politik der Rückgewinnung Schlesiens setzte,
und der den mehrfachen Friedensbrecher künftig unschädlich
machen und eine weitere preußische Staatsbildung in Europa und
zum Teil gar im Reich verhindern und möglichst auf den Stand
eines deutschen Landesstaates zurückbringen wollte. Nach der
politischen Mathematik der Zeit, der Interessenlehre der Staaten,
galt es dazu Friedrichs Bundespartner Frankreich mit Kompen-
sationsangeboten auf die eigene Seite zu ziehen, und es gehörte
auch schon die neue Innovationsbereitschaft der Aufklärung
dazu, den jahrhundertelangen Antagonismus zu Frankreich zu
überwinden und gegen die «alten Vorurteile» ein «neues System»
der Bündnisse zu stellen. Diese bereits mit solchen aufgeklärten
Leitbegriffen propagierte «Diplomatische Revolution» wurde
realisierbar, als sich im englisch-französischen Kolonialkrieg um
Nordamerika König Friedrich von England zu einer Neutralitäts-
garantie für Kurhannover gewinnen ließ (Westminster Konvention 16. 1. 1756), so daß der verärgerte französische Hof auf das
Angebot von Kaunitz einging (Versailler Vertrag 1. 5. 1756).

Zur völligen Überraschung Europas und des ganzen Reiches
kehrte sich das gesamte Bündnissystem um, und es standen nun

die drei großen Kontinentalmächte Österreich, Frankreich und Rußland einem Preußen gegenüber, das sich nur auf das ferne England stützen konnte. Aber die Bündnisse waren zunächst defensiv oder abwartend, und der Kaiserhof hätte schon mit Rücksicht auf die öffentliche Meinung im Reich nicht einfach einen Krieg beginnen können. Auf den Unruhestifter vom Dienst war jedoch, wie vom österreichischen Staatskanzler vorhergesehen, wieder Verlaß. Es genügten einige Gerüchte von Mobilmachungen und drei würdig, aber nicht ganz eindeutig zurückgewiesene ultimative Anfragen des preußischen Gesandten Klinggräffen, und der König schlug los, löste aber mit diesem «Präventivkrieg» erst die ganze Bündnisautomatik aus. Es gibt eine geradezu bestürzende und noch weiterreichende Analogie zum Ausbruch des Ersten Weltkriegs, die zuerst Thomas Mann entdeckt hat, und die, wie mittlerweile nachgewiesen, auch auf die fatale Wirkung des historischen Vorbildes zurückgeht. Der österreichische Staatskanzler aber hat mit überlegener Diplomatie, bei der man sogar an eine bewußt gestellte Falle denken könnte, den Krieg politisch eigentlich bereits gewonnen, bevor er militärisch begann.

Der Einmarsch in Kursachsen machte alles noch schlimmer für den König, denn das war Landfriedensbruch, der fast das ganze Reich gegen ihn aufbrachte. Die preußische Gegenpropaganda versuchte es erst mit einem «unschädlichen Durchzug», der aber schnell erkennbar den ganzen Krieg zu dauern drohte. Die kleine sächsische Armee wurde bei Pirna entwaffnet und nicht sehr erfolgreich in preußische Uniformen gesteckt, der König und Brühl zogen sich in ihr Zweitland Polen zurück, und Sachsen wurde besetzt und ausgeplündert. Dann sollte mit manipulierten Akten aus dem sächsischen Kabinett nachgewiesen werden, daß Sachsen im Bündnis mit den Kriegsmächten gestanden habe, obwohl Brühl dies gerade vermieden hatte, um den aggressiven Nachbarn nicht zu reizen. Und schließlich verfiel Friedrich nicht ganz unberechtigt auf die Religionskriegspropaganda, denn in der Tat standen erstmals die katholischen Kontinentalmächte Frankreich und Österreich im selben Lager, und das weckte an der Römischen Kurie noch einmal konfessionspolitische Revisionserwartungen, bis sie, gedrängt vom auch

um evangelische Reichsstände werbenden Kaiserhof, endgültig
«Abschied vom Religionskrieg» (J. B.) nahm. Und umgekehrt
war das konfessionelle Argument in der englischen Presse das
meistverbreitete, um das Bündnis zu dem «protestant hero»
(M. Schlenke) in der Öffentlichkeit durchzusetzen. Auch das
Reichsmanagement hatte es wie stets mit Konfessionskonflikten
zu tun, wie unmittelbar zuvor die Konversion des Erbprinzen
von Hessen-Kassel, aber als Vorkämpfer der protestantischen
Sache wirkte Friedrich doch unglaubwürdig, wenn er zwar einen
katholischen König vertrieben, aber ein evangelisches Land besetzt hatte. Die öffentliche Meinung war keineswegs «fritzisch»,
wie Goethe es in seinen Jugenderinnerungen nannte, sondern
getragen von den Periodika, Diarien und Flugschriften, reichs-
bewußt, kaiserlich und prosächsisch. So wurde am Reichstag
trotz einiger durch ihre preußischen oder englischen Verbin-
dungen behinderter Reichsstände mit großer Mehrheit eine
Reichsexekution gegen das friedbrüchige Brandenburg-Preußen
beschlossen und eine Reichsarmee aufgestellt, die vor allem bei
der Befreiung und Sicherung Sachsens wichtige Dienste leistete.
Damit aber hatte es Friedrich in Deutschland nicht nur mit Österreich, sondern mit fast dem ganzen Reich als Gegner zu tun.

Der zum Mythos gewordene Siebenjährige Krieg ist als ein
Krieg der Schlachten in die Geschichte eingegangen, von denen
besonders sieben einen solchen Kultstatus erlangten, daß sie für
ein volles Verständnis der späteren nationalen Geschichte unentbehrlich sind oder des mahnenden Gedenkens wert bleiben. Die
Eröffnungsschlacht von *Lobositz* (1. 10. 1756) an der böhmischen Grenze blieb in einem mörderischen Chaos stecken, aus
dem sich der berühmteste Deserteur der Literaturgeschichte, der
«arme Mann im Toggenburg» Ulrich Bräker retten konnte, um
dann in seiner Autobiographie in einer Perspektive von unten
eine Schilderung von erschreckender Anschaulichkeit zu geben.
Die Schlacht von *Kolin* (18. 6. 1757) war die erste katastrophale
Niederlage Friedrichs, der mit einem nicht funktionierenden
Schlachtplan ein Leichenfeld preußischer Soldaten hinterließ,
während umgekehrt der siegreiche Feldherr Daun erst einmal
ganz Böhmen befreite und Schlesien zurückgewann und von

Maria Theresia alljährlich zum «Geburtstag der Monarchie» beglückwünscht wurde. Der preußische Sieg von *Roßbach* (5. 11. 1757) begann das Blatt wieder zu wenden und wurde zum größten preußischen Propagandaerfolg bis in unsere Tage, denn er ging als schmähliche Niederlage der davonlaufenden Reichsarmee in den historischen Anekdotenschatz ein. Die geschlagene Armee war aber gar nicht die Reichsarmee, sondern die französische, die um ein Kontingent noch unausgebildeter deutscher Rekruten verstärkt worden war. Die Schlacht von *Leuthen* (5. 12. 1757) ist zum bekanntesten Schlachtensieg Friedrichs des Großen geworden, der mit unterlegenen Kräften und der von ihm bevorzugten, aber nur dieses eine Mal erfolgreichen «schiefen Schlachtordnung» den Gegner überflügelte und mit dem noch auf dem Schlachtfeld gesungenen «Choral von Leuthen» zu einem verhängnisvollen Stück preußisch-deutscher Kriegsverklärung wurde. Der starke rechte Flügel wurde zum Fetisch der deutschen Militärgeschichte bis in den 1. Weltkrieg.

Mit der Schlacht von *Hochkirch* (14. 10. 1758) gelang jedoch wieder der kaiserlich-österreichischen Seite ein Überraschungsangriff auf dem sächsischen Kriegsschauplatz, und Kaiser und Reich triumphierten. Die Schlacht von *Kunersdorf* bei Frankfurt an der Oder (12. 8. 1759) wurde zur vernichtendsten Niederlage Friedrichs, der am Ende nur noch über 3000 Mann verfügte und bereits alles verloren gab, aber die Russen rückten aus unerklärlichen Gründen nicht in die offenstehende Hauptstadt Berlin ein, wie auch der schon Abschiedsbriefe schreibende König erwartete. In dieser Situation fiel in einem erleichterten Brief Friedrichs das Wort vom «Mirakel des Hauses Brandenburg», das auf den Ausgang des ganzen Krieges übertragen worden ist. Die Schlacht von *Torgau* (3. 11. 1760) wurde schließlich zu einem der größten deutsch-deutschen Massenduelle mit je 50 000 Mann und einer der schrecklichsten friderizianischen Pyrrhussiege, die oft ohnehin mehr eine propagandistische Zuschreibung waren, nachdem er sich nach 20 000 Mann Verlusten nur noch mit seiner Restarmee in Schlesien einigeln konnte, um auf ein weiteres Wunder zu warten, das ihn vor dem Untergang rettete.

Und das ereignete sich tatsächlich mit dem Tod der Zarin Eli-

sabeth im August 1762. Ihr etwas retardierter Sohn und Nachfolger Peter III. gab alle russischen Erfolge preis und wechselte
aus persönlicher Begeisterung für den preußischen Kriegshelden
die Seiten. Eine Palastrevolution brachte Peters Gemahlin, die
nachmalige Katharina die Große zur Herrschaft, aber die neue
Zarin, eine einst von Friedrich empfohlene deutsche Prinzessin
von Anhalt-Zerbst, kündigte zwar das preußische Bündnis,
wechselte aber nicht wieder zurück, sondern stieg ganz aus dem
Krieg aus. Nachdem auch Frankreich kriegsmüde war und gegen Wahrung seines europäischen Status Nordamerika den Eng-
ländern ließ, blieb nur ein schneller Friedensschluß, den Kaunitz
mit Hilfe einer bestellten Friedensinitiative Sachsens professionell einleitete und abwickelte. In einem Schloß auf halbem Weg
zwischen Dresden und Leipzig wurde der Friede zu Hubertusburg geschlossen, der den Siebenjährigen Krieg mit der Wiederherstellung des Vorkriegszustandes beendete (15.02.1763).

4. Die preußische Staatsbildung und der Sieg des Reiches Warum hat Friedrich der Große den Krieg gegen die europäische
Übermacht nicht verloren? Die Person und Position des Königs,
der als sein eigener General Feldherrentalent entwickelte und
ein niemandem verantwortliches offensives Risikospiel wagte,
brachte Preußen sicher die Gegner immer wieder irritierende
Vorteile. Auf der anderen Seite standen strukturelle Probleme
der Koalitionskriegsführung und eine vorsichtig defensive Stra-
tegie der Zeit einer militärischen Umsetzung der politischen
Offensive von Kaunitz im Wege. Relativiert wird das Wunder
auch durch den Verweis auf eine langfristige preußische Kriegs-
vorbereitung und einen administrativen, finanziellen und mili-
tärtechnischen Rüstungsvorsprung Preußens, der die Stärkever-
hältnisse unterlief, und das zusammen mit grenzüberschreitenden
Improvisationen wie Münzverschlechterungen, Requirierungen
und Terrorakten bis hin zu einer Bombardierung Dresdens. Dazu
kommt noch etwas anderes: Zu den politischen Spielregeln des
Staatensystems gehörte, daß man ein militärisch offenbar ver-
lorenes Spiel aufgab, seine Kompromißbereitschaft signalisierte
und sich nicht allzu ungünstige Bedingungen auszuhandeln

suchte, wie alle nach den Katastrophen von Kolin und Kunersdorf vom König erwarteten, nach denen Schlesien und das eigene
Land nicht zu halten waren. Aber Friedrich hielt sich nicht an
Regeln eines Staatensystems, in das er sich erst hineinkämpfte,
ließ von seinem politischen Lebensziel einer preußischen Staatsbildung nicht ab, und Europa war ratlos, wie man einen solchen
Spielverderber gleichsam matt setzt. Das kann man als Charak-
terstärke des Königs loben oder als Verantwortungslosigkeit
tadeln. Preußen war nicht besiegt worden, und kam so auf dem
Weg einer europäischen Staatsbildung weiter. Die Kosten des
Durchhaltens waren hoch. Ein Drittel der Teilnehmer verlor je
Schlacht das Leben. Nur jeder 17. Soldat, der von Anfang an
dabei gewesen ist, kehrte nach sieben Jahren nach Hause zurück. Und mit 500 000 Toten war dies im Verhältnis zur Bevöl-
kerungszahl eine Kriegskatastrophe wie die Weltkriege des
20. Jahrhunderts. Keine europäische Staatsbildung war gewalt-
frei, aber der sonst im Reich hochentwickelte Sinn für die Ver-
hältnismäßigkeit der Mittel, die zu einem Kennzeichen des
Rechtsstaats geworden sind, war hier bei einem ausscherenden
Kriegsherrn noch unterentwickelt.

Der Ausgang des Krieges aber war, wenn man nur unvorein-
genommen hinschaut, ein Triumph des Reiches. Die Reichsarmee hatte über ihre militärischen Leistungen in Sachsen hinaus, wie Reichsvizekanzler Colloredo einmal Maria Theresia
erläuterte, nicht zuletzt die politische Einheit und Position des
Reiches symbolisiert und darüber hinaus das föderale Gewaltmonopol demonstrativ zur Geltung gebracht. Das Reich wurde
beim bilateralen Friedensschluß auch keineswegs übergangen,
sondern der Reichstag hatte anläßlich eines geplanten, dann
aber nicht mehr benötigten Kongresses schon vorher einen prä-
zisen Verhandlungsauftrag an den Kaiser gegeben, konnte den
Krieg durch abgesprochene Neutralisierung abkürzen, wurde in
den Hubertusburger Frieden eingeschlossen und ratifizierte ihn
umgekehrt als Reichsfrieden. Das Reich war sogar der eigentliche und einzige Sieger. Denn es war nicht für den österreichischen Revanchismus und das völkerrechtlich längst abgetretene
Schlesien in den Krieg gezogen, sondern für die Befreiung Kur-

sachsens und die Aufrechterhaltung der verfassungsmäßigen Ordnung, und beides war gelungen. Mit dem Status-quo-Frieden hatte niemand sein Kriegsziel in Europa erreicht, außer dem Reich, für das eben dies das Kriegsziel gewesen war. Dabei hatten weitere Anschläge das politische System des Reiches bedroht, gleich zu Anfang ein sezessionistischer preußischer Bundesplan, fortgesetzte Religionskriegsprovokationen und am Ende erneute Säkularisationsbegehrlichkeiten. Aber die Reichsordnung hielt stand und überwand alle Gefahren.

Und auch von einer Sezession eines souveränen brandenburg-preußischen Groß- oder Bundesstaates war nach dem knappen Kriegsausgang keine Rede mehr. Der preußische Gesandte Plotho hatte am Reichstag gegen den Reichskrieg gepoltert, aber er war in Regensburg geblieben und hatte so den Reichsnexus aufrechterhalten. Friedrich hatte vor dem Krieg strikte Obstruktion gegen jede Reichspolitik betrieben, jetzt versprach er schon in Hubertusburg seine Kurstimme für die einstimmige Nachfolgerwahl Josephs II., der nach dem Tod seines Vaters Franz I. sofort im Kaiseramt nachfolgen konnte (1765). Friedrich kehrte als Kurfürst von Brandenburg ins Reichssystem zurück, so daß auch dessen konfessionelle Parität und föderales Gleichgewicht wiederhergestellt war. Das aber brachte nun doch auch etwas Neues, und die wohl größte Zumutung für das Reich deutscher Nation: fortan mit Österreich und Preußen gleich zwei europäische Mächte mit eigenem staatlichen Souveränitätsanspruch beherbergen zu müssen. Es war allen klar, daß dafür neue Wege gesucht werden mußten.

X. Untergang oder Übergang des Reiches deutscher Nation?

1. Innovation und Reform als Programm der Zeit   In den aufgeklärten Druckmedien kann man nach dem Siebenjährigen Krieg einen Umsturz des ganzen Weltbilds beobachten, der mitten durch das 18. Jahrhundert geht: den Triumph des innovatorischen

Denkens. Während man bis in die Mitte des Jahrhunderts historische Exempel hochhielt, die Tradition als verpflichtende Regel galt und Abweichungen zumindest einer Begründung bedurften, kehrte sich die Beweislast in der zweiten Hälfte um: Die sich verändernde Welt wurde als Regel wahrgenommen und hatte seither die Vermutung für sich, eine Veränderung zum Besseren zu sein. Die Vernunft, die als letztgültige Legitimationsinstanz die Offenbarung überbot und ins Zentrum der nun voll druckmedialisierten Öffentlichkeit rückte, forderte nämlich auch, daß die Welt nach ihr neu eingerichtet werde. Die hier angelegten Konsequenzen hat Lessing in seiner genialen Programmschrift «Die Erziehung des Menschengeschlechts» (1777) erkannt. Der evangelische Theologe Reimarus hatte zuvor die kühne These aufgestellt, daß die Wahrheit der Bibel nach dem Maßstab der Vernunft von allerlei abergläubischem «Unrat» gereinigt werden müsse. Warum aber hatte Gott dann nicht gleich die aufgeklärte Wahrheit geoffenbart? Lessing fand die Antwort: Weil er wie ein Pädagoge nach der Fassungskraft der Menschheit vorgegangen sei, in ihrer Kindheit, im alttestamentlichen «Elementarbuch» mit Geboten und Strafen, dann mit der aufgeklärten Jugenderziehung des Neuen Testaments und schließlich allein auf die Vernunft der Menschheit vertrauend, die nun das Gute selbst erkennen und in Zukunft um seiner selbst willen tun sollte. Hier wird der innere Zusammenhang klar, warum in Deutschland aus dem innovatorischen Ansatz der Vernunft heraus erst auf evangelischer, dann auch auf katholischer Seite die Kanzel zum «Katheder der Aufklärung» wurde, das Jahrhundert der Aufklärung auch ein Jahrhundert der Erziehung und die Geschichte ein Entwicklungs- und Fortschrittsprozeß. Durch diese Vergeschichtlichung wurden zugleich die konfessionellen Wahrheitsmonopole entdramatisiert, und religiöse Toleranz konnte geradezu zur aufgeklärten Tugend werden. In der Ökonomie sprengte ein Neuansatz an der landwirtschaftlichen Erzeugung die geschlossenen Modelle der Hauswirtschaft wie des Merkantilismus – in der französischen Physiokratie («Naturherrschaft») als jährlicher Wirtschaftskreislauf, bei dem deutschen Physiokraten J. A. Schlettwein schon als Produktions- und Wachstumsorientie-

rung, die nur noch auf die Industriegesellschaft übertragen werden mußte. Die kulturelle Basisinnovation hinter all diesen und
noch mehr wissenschaftlichen und gesellschaftlichen Bereichen
aber war das neue innovatorische Bewußtsein selbst, das sich
nun zu sich selbst bekannte und in Bergen von Schriften pro-
grammatisch formierte.

Auch in der Politik. Die deutschen Länder erfaßte eine Reformbewegung, die nach Verbesserungsmöglichkeiten zum Nutzen des «Gemeinwohls» suchte, der Überwindung der Kriegs-
schäden in Sachsen und Brandenburg neue Impulse gab, und vor
allem in verschiedenen Schüben das Justizwesen in Österreich
(Constitutio Criminalis Theresiana 1768) und in Preußen (All-
gemeines Preußisches Landrecht 1794) vereinheitlichte, libera-
lisierte und auf den vom Herrscher losgelösten rechtsstaatlichen
Stand brachte, auf dem das Reichskammergericht schon vorangegangen war. Die Erwartungen, die der Forschungsbegriff
«Aufgeklärter Absolutismus» weckte, der mit dem Rückruf des
ganzen Absolutismusbegriffs durch die Fachwissenschaft ohnehin nicht mehr sinnvoll erscheint, sind jedoch zu hoch und um-
fassend. Diese politische Reformbewegung richtete sich auch
auf das Reich und seine Gesamtstaatlichkeit. Reichsreformen in
Theorie und Praxis hatte es auch nach dem Westfälischen Frieden durchgehend gegeben, aber unter diesem allgemeinen Re-
formimpuls verdichteten sie sich. Denn angesichts der vom
Siebenjährigen Krieg hinterlassenen neuen Situation waren Re-
formimpulse besonders willkommen.

2. Bündische Reichsreform zwischen Kaisern – und bis zu-
letzt Das föderale politische System der Doppelstaatlichkeit
auf der gesamtstaatlichen und der einzelstaatlichen Ebene wurde
nun gleichsam konterkariert durch eine in die Horizontale ge-
drehte Dualität zwischen den zwei Polen Österreich und Preußen: den deutschen Dualismus. Das gilt oft als der Anfang vom
Ende des Reiches, denn das vornehmlich reichstragende «dritte
Deutschland» sei gleichsam zwischen den beiden Großmächten
zerrieben worden. Aber so klar und unvermeidlich war das
nicht. Das erstaunlich elastische föderale System des Reiches hat

auch mit dieser Herausforderung zu leben gelernt. Denn die beiden antagonistischen Pole Österreich und Preußen lagen nur zum Teil außerhalb des Reiches und konkurrierten innerhalb des Reiches um dessen Führung. Dem Kaiser trat ein preußischer «Anticaesar» gegenüber, wie es in Wien ärgerlich hieß, und beide trieben fortan Reichspolitik im Wettbewerb. Dadurch aber gewannen die Reichsstände Manövrierraum und Optionsmöglichkeiten zwischen den beiden konkurrierenden Führungsmächten. Bei Übergriffen und reichsrechtlichem Fehlverhalten konnte man den einen als Anwalt gegen den anderen in Anspruch nehmen. Entsprechend warben die Konkurrenten mit reichspatriotischen Argumenten um Anhänger, und wer dabei nicht jede Glaubwürdigkeit verlieren wollte, mußte zumindest einen Teil davon auch praktisch umsetzen. So trieben beide Seiten in einer Zeit, in der das politisch angesagt war, selbst Reichsreformpolitik, schon um sich den Reichsständen als die besseren Reichspatrioten zu empfehlen.

Zuerst ergriff der junge Kaiser Joseph II., in Österreich zunächst nur Mitregent Maria Theresias, die Initiative und widmete sich engagiert einer Reform der Reichsgerichtsbarkeit. Der Reichshofrat sollte noch effizienter arbeiten, und eine fällige Visitation des Reichskammergerichts zusammen mit dem Reichstag machte er zur Chefsache, angeblich um die habsburgische Macht auf das ständische Gericht auszudehnen, nachweislich jedoch um durch eine erfolgreiche Reform Reputation im Reich zu gewinnen. Die Reform wurde vom mißtrauischen Reichstag nicht verabschiedet, war aber darum kein Fehlschlag: Richterkorruption wurde geahndet, Finanzierung und Beitragsmoral verbessert, eine Stellenvermehrung in die Wege geleitet, und die nicht verabschiedeten Regelungen wurden gedruckt und gingen in die Gerichtspraxis ein. Vor allem aber entwickelte sich der ganze Reformprozeß wieder einmal zu einem gewaltigen Medienereignis mit weit über 100 Programm-, Informations- und Streitschriften, die im literarischen Diskurs die Bedeutung der Reichsgerichtsbarkeit vor Augen führten, die gerade am Ende des Reiches in ihrem höchsten Ansehen stand. Der Kaiser aber wandte sich nun von den schwierigen Reichsgeschäften ab und

der österreichischen Innenpolitik zu, die in erster Linie Kirchen-
politik war und als Josephinismus in die Geschichte eingegangen
ist – eine Übernahme der katholischen Kirche durch den Staat
wie in den evangelischen Ländern und eine Klöster- und Feier-
tagsreduktion, aber auch Toleranzpolitik im aufgeklärten Staats-
interesse. Ein weites Feld ist, wie er sich dabei in Konflikte nicht
nur mit dem Papst, sondern auch mit der Reichskirche verwik-
kelte, die kurz vor ihrem Untergang selbst aufgeklärt reformierte
und eine kräftige Reichspolitik betrieb. Die Beteiligung des Kaisers an der Teilung Polens zwischen Rußland, Preußen und Österreich (1772, 1793, 1795) markierte einen bedenklichen Ausbruch des Reichsoberhauptes aus dem Rechtssystem des Reiches
in europäische Konvenienzpolitik. Im Reich konnte ein Bayerischer Erbfolgekrieg zwischen Preußen und Österreich zwar in
den Anfängen gestoppt werden (Friede von Teschen 1777), aber
ein Wiener Plan eines Eintausches von ganz Bayern gegen die
Österreichischen Niederlande alarmierte alle im Reich, das sich
von einem solchen Großösterreich erdrückt gefühlt hätte. So erschien der einstige Reformkaiser nun als österreichischer Inter-
essenpolitiker mit reichsbedenklichen Vergrößerungsplänen.

Das war die Chance Preußens. So reichsfremd die Politik
Friedrichs des Großen anfangs gewesen war, hatte er in und nach
dem Siebenjährigen Krieg ersichtlich dazugelernt, unterstrich
durch nachträgliche Lehensnahme und Nachzahlung seit Jahr-
zehnten verweigerter Reichssteuern seine Zugehörigkeit, präsentierte sich jetzt als der bessere Reichspatriot und wandelte
sich nach dem pointierten Urteil von Volker Press zum erfolg-
reichsten Reichspolitiker überhaupt. Zunächst unabhängig von
Preußen hatte der Bundesgedanke Konjunktur, der sich in einer
langen Tradition der Sonderbünde und Kreisassoziationen bewährt hatte, und nun von dem Göttinger Reichspublizisten Pütter
auch auf das Reich als ganzes bezogen wurde. So planten einige
Initiatoren und Propagatoren mindermächtiger und mittlerer
Staaten, unter denen sich Goethes Herzog Carl August von Sach-
sen-Weimar hervortat, einen Fürstenbund des dritten Deutschlands zur Weiterführung der Reformen des Reiches zwischen
den Polen Österreich und Preußen. Friedrich sprang auf diesen

Zug auf und überholte und vereinnahmte ihn. Kurbrandenburg schloß mit Kurhannover, Kursachsen und schließlich auch Kurmainz einen Bund zur Aufrechterhaltung der deutschen Verfassungsordnung, der sich unter Aufnahme einer Vielzahl von Reformständen zum Deutschen Fürstenbund erweiterte. Es ist eine offene Frage, wie groß darüber hinaus die Chancen einer gleichzeitig publizistisch heftigst beworbenen föderalen Reichsreform waren, wie sie trotz der bewahrenden Zielsetzung schon in der Logik einer so weit gespannten Bundesgründung lag, denn sie ging in den exogen veranlaßten Revolutionsereignissen und einem letzten Reichskrieg gegen Frankreich noch vor dem Reich unter.

Der «Reichsdeputationshauptschluß» von 1803 gilt als die erste Etappe seines Untergangs. Gleich zu Beginn einer Serie von Kriegen und Siegen des zum französischen Kaiser aufgestiegenen Revolutionsgenerals Napoleon Bonaparte, dessen neuer Art der Kriegsführung nicht nur das Reich, sondern fast ganz Europa nicht standhalten konnte, wurde die französische Annexion des linken Rheinufers im Frieden von Lunéville (1801) zum Anlaß für eine «Entschädigung» der größeren Reichsfürsten, bei der sie weit mehr gewannen als sie verloren hatten und sich ihre schwächeren Nachbarherrschaften angliederten. Die auch in der Reformdiskussion umstrittene Reichskirche wurde säkularisiert, das heißt die Fürstbischöfe verloren ihre Herrschaft und Reichsstandschaft, und die Staaten eigneten sich weitgehend den Besitz der katholischen Kirche an. Aber auch die Mehrzahl der Reichsstädte und fast alle kleinen Herrschaften verloren ihre Reichsunmittelbarkeit und wurden von ihren größeren Nachbarn mediatisiert. Alle Institutionen des Reiches aber blieben erhalten, ja all das wurde in den institutionell-rechtlichen Formen des Reiches abgewickelt: Der Reichstag setzte im Rückgriff auf seine Ausschußtraditionen eine Deputation ein, deren rechtsförmiger Beschluß ein Wortungeheuer, aber auch eine vereinfachte Landkarte hinterließ. So sahen die Zeitgenossen anders als die Nachwelt gerade in diesem Reichsdeputationshauptschluß die erwünschte Reichsreform. Der Editor und Kommentator der Beschlüsse Adam Christian Gaspari bilanzierte, daß die Fürsten damit natürlich nicht souverän geworden waren, sondern nun nach Beseitigung der schwächeren Glieder umso mehr verpflichtet seien, gemeinsam für das gesamtstaatliche Wohl des Reiches zu arbeiten, und daß dafür die besten Aussichten bestünden. Da das föderale System unter zeitgemäßer Reduktion der Mitspieler gewahrt wurde, war das auch nicht abwegig.

Allerdings konnte sich diese Reformperspektive unter der immer bestimmender werdenden napoleonischen Herrschaft nicht entwickeln. Länder wie Bayern mediatisierten und enteigneten ohne Rechtsgrundlage weiter, und der Diktator griff immer direkter und willkürlicher in die deutschen Verhältnisse ein. Schließlich schlossen 39 Einzelstaaten in West- und Süddeutschland einen zweiten Rheinbund unter ausdrücklichem französischem Protektorat und traten aus dem deutschen Reich aus. Der letzte Kaiser Franz II., der bereits eine österreichische Kaiserkrone in Reserve hielt, und dessen Administration es nach Expertenurteil nicht zuletzt durch Unfähigkeit und Ignoranz so weit hatte kommen lassen, gab einem Ultimatum Napoleons nach und legte am 6. August 1806 die Reichskrone nieder. Das Reichskammergericht wollte den kaiserlichen Rücktritt und Austritt aus dem Reich erst nicht als Reichsende anerkennen. Aber es waren kaum noch freie Reichsstände da, die es hätten fortsetzen können. Erstmals in der Geschichte wurde eine politische Entscheidung in offiziellen Dokumenten nicht mit Sachargumenten begründet, sondern mit dem Zeitgeist: Das Reich passe nicht mehr in die Zeit, die sich geändert hätte. So wandte sich am Ende das aufgeklärte Innovationsbewußtsein, statt die Neuorientierung des Reiches weiter zu begleiten, gegen das Reich, dem für die Weiterführung und Vollendung der begonnenen Reichsreform keine Zeit gelassen wurde.

3. Warum das Reich deutscher Nation (nicht) untergegangen ist Warum ist also das Reich untergegangen? Ist das Reich nach besseren Tagen schließlich doch an seiner «Reformunfähigkeit» (B. Stollberg-Rilinger) gescheitert, oder hätte es noch eine sich weiter anpassende Neuorientierung zuwege gebracht? Bot der Deutsche Fürstenbund mit seinem ursprünglichen Reformansatz oder der durch Preußen gekräftigten bündischen Ausgestaltung oder der von außen angestoßene, aber dann auch von außen überrollte Reichsdeputationshauptschluß eine neue Chance? Haben unfähige Politiker das gerade nach den französischen Ereignissen von den Intellektuellen hochangesehene Reich auf dem Höhepunkt einer vielversprechenden Reformdebatte aufgelöst (K. O. v. Aretin)? Oder wurde das Reich letztlich durch äußere Zwangsgewalt aufgelöst (W. Burgdorf)? Am Ende stand Napoleon? Oder hatte der innovatorische Zeitgeist Recht, wenn er die Reformdebatte aufgab und den napoleonischen Rheinbund als einen «neuen und den Zeitumständen angemessenen Bund» dagegenstellte? Die Frage ist von Fachleuten kontrovers diskutiert worden und wird weiter diskutiert werden.

Darüber sollte jedoch nicht übersehen werden, daß das Reich gar nicht untergegangen ist. Denn der seit der ersten Reichsreform von 1495 mitspielende, am Ende des Reiches aber nochmals revitalisierte und dominant gewordene Bundesgedanke blieb lebendig und die kontinuitätsgebende Grundlage aller weiteren deutschen Staatsformen. Selbst der Rheinbund kann nach Niederlegung der Kaiserkrone als föderale Brücke zum Deutschen Bund gesehen werden, der von 1815 bis 1866 eine demokratisch angereicherte Fortsetzung des Reiches mit anderen Mitteln war. Die Frankfurter Bundesversammlung erinnert in manchem an den Reichstag und integrierte den deutschen Dualismus der beiden Führungsmächte mit jeweils größerer Stimmenzahl in das föderale System. Und selbst Bismarck, der die deutsche Geschichte durch die Trennung von Österreich und die neuerliche Annexion von fünf deutschen Ländern in ein Großpreußen belastete, gründete doch das Reich selbst wieder auf den Föderalismus. Die Präambel der neuen Reichsverfassung von 1871 läßt die deutschen Fürsten einen «ewigen Bund» schließen, der «Deutsches Reich genannt werden» soll, und in «Gedanken und Erinnerungen» resümiert Bismarck, daß diese Staatsgründungsform die Konsequenz aus der deutschen Geschichte ziehe. So illustriert es auch das bekannte Historienbild Anton von Werners vom Gründungsakt im Spiegelsaal von Versailles, leider wird aber meist die irreführende Spätfassung gezeigt, die diese föderale Staatsidee durch die Heldengestalten Bismarcks und des Kaisers überdeckt. In der

Weimarer Verfassung (1919) wurde dann in zeitgemäßer Sprache aus den Fürsten «das deutsche Volk einig in seinen Stämmen», und im Grundgesetz der Bundesrepublik Deutschland (1949) gaben sich die föderalen Subjekte als «deutsche Länder» zu erkennen. Denn die erste wie die erweiterte Gründung der Bundesrepublik Deutschland ging von rekonstruierten Landesstaaten aus, und stellte nach zwölf- oder fünfzigjährigem Totalitarismus unter «Gleichschaltung» oder Auflösung der Länder die Doppelstaatlichkeit von «Bund und Ländern» wieder her, die in der Frühen Neuzeit ihre erste gültige Gestalt gefunden hatte.

Zieht man eine Bilanz der historischen Leistungen des Föderalismus, so erweisen sich im historischen Durchgang in der Frühen Neuzeit fünf besonders eindrucksvoll:

1. die besondere Partizipationschance durch die Gewaltenteilung mithilfe verschiedener politischer Ebenen und Institutionen, von denen hier nur die beiden damals wie heute politisch dominanten, die gesamtstaatliche und die landesstaatliche, verfolgt werden konnten;

2. die einzigartige Herstellung und Wahrung von Friede und Recht durch ein nicht oktroyiertes, sondern solidarisch von den Reichsständen organisiertes und getragenes Gewaltmonopol der Reichsgerichte und Reichsinstitutionen seit dem Ewigen Landfrieden von 1495;

3. die ebenfalls einzigartige politisch-rechtliche Lösung des religiösen Intoleranzproblems durch die nur hier mögliche Nutzung zweier staatlicher Ebenen, die Verteilung der unverträglichen Konfessionen auf die Landesstaaten und die zunehmende Regulierung und ruhigstellende Verrechtlichung durch die gesamtstaatliche Ebene;

4. die föderale Sicherheitspolitik im Sinne aktiver wie passiver Nichtangriffsfähigkeit, die aus dem politischen System heraus keinen offensiven Expansionskrieg zugelassen hätte, aber ein bis heute des Studiums würdiges abgestuftes dreigliedriges Defensivsystem entwickelte;

5. die nachwirkende kulturelle Reichhaltigkeit durch die Vielzahl der kunst- und wissenschaftsfördernden höfischen Herrschaftsträger, die doch durch die gesamtstaatlich gesicherte

Sprachgemeinschaft einen verdichteten Kommunikationsraum bildeten, der die Weltgeltung der deutschen Literatur, Philosophie und Musik hervorbrachte.

Natürlich brachte die föderale Struktur dem Reich deutscher Nation auch Nachteile und Probleme. Immer wieder aber ermöglichte die mediengestützte Öffentlichkeit auf ganz modernen Wegen ein einheitliches Handeln so vieler Akteure oder einen geregelten Konfliktaustrag, der nicht minder die Diskursgemeinschaft der deutschen Nation formte, besonders in der Reformationszeit, in den beiden dreißigjährigen und weiteren Kriegen, aber auch in der Reichsreformbewegung des 18. Jahrhunderts. In der Reformationszeit mußte der Föderalismus 1555 retten, was die Medien angerichtet hatten, oft aber haben die Medien den Föderalismus erst arbeitsfähig gemacht.

Nicht alles davon muß heute noch relevant sein, und es sind weitere Leistungen und ganz neue Probleme hinzugetreten. Aber es wird auch schon darüber nachgedacht, ob diese nicht ethnisch-national angeborene, sondern geschichtserworbene föderale Kernkompetenz nicht weitervermittelbar wäre und auf Probleme Europas angewandt werden könnte. Ob die Nutzung dieser geschichtlichen Ressource als eine nationale und europäische Orientierungshilfe gelingen kann, wird freilich davon abhängen, ob die im Speicher der frühneuzeitlichen Fachwissenschaft abrufbaren Erkenntnisse von den Bildungs- und Medienexperten in einer attraktiven Form in die öffentliche Diskussion eingebracht werden können.

Literaturhinweise

Dieses Bändchen gründet auf ausführlichen Epochendarstellungen des Autors mit allen Belegen:

Johannes Burkhardt, Das Reformationsjahrhundert. Deutsche Geschichte zwischen Medienrevolution und Institutionenbildung 1517–1617, Stuttgart 2002.

Johannes Burkhardt, Der Dreißigjährige Krieg (Neue Historische Bibliothek, edition suhrkamp), Frankfurt am Main 1992. 6. Aufl. 2003.

Johannes Burkhardt, Vollendung und Neuorientierung des frühmodernen Reiches 1648–1763, Gebhardt. Handbuch der deutschen Geschichte, Bd. 11, zehnte völlig neu bearbeitete Auflage, Bd. 9–12 hg. von Wolfgang Reinhard, Stuttgart 2006.

Andere Epochendarstellungen zur deutschen Geschichte:

Karl Otmar von Aretin, Das Alte Reich, 4 Bde., Stuttgart 1993–2000.

Walter Demel, Reich, Reformen und sozialer Wandel 1763–1806, Gebhardt. Handbuch der deutschen Geschichte, Bd. 12, zehnte völlig neu bearbeitete Auflage, Bd. 9–12 hg. von Wolfgang Reinhard, Stuttgart 2005.

Heinz Duchhardt, Barock und Aufklärung, vierte neu bearbeitete Auflage des Bandes «Das Zeitalter des Absolutismus», München 2007.

Axel Gotthard, Das Alte Reich 1495–1806, Darmstadt 2003.

Alfred Kohler, Das Reich im Kampf um die Hegemonie in Europa, München 1990.

Maximilian Lanzinner/Gerhard Schormann, Konfessionelles Zeitalter 1555–1618. Dreißigjähriger Krieg 1618–1648, Gebhardt. Handbuch der deutschen Geschichte, Bd. 10, zehnte völlig neu bearbeitete Auflage, Bd. 9–12 hg. von Wolfgang Reinhard, Stuttgart 2001.

Helmut Neuhaus, Das Reich in der Frühen Neuzeit, München 1997.

Wolfgang Reinhard, Probleme deutscher Geschichte 1495–1806. Reichsreform und Reformation 1495–1555, Gebhardt. Handbuch der deutschen Geschichte, Band 9, zehnte völlig neu bearbeitete Auflage, Bd. 9–12 hg. von Wolfgang Reinhard, Stuttgart 2001.

Heinz Schilling, Höfe und Allianzen. Deutschland 1648–1763, Berlin 1989.

Georg Schmidt, Geschichte des Alten Reiches. Staat und Nation in der Frühen Neuzeit 1495–1806, München 1999.

Barbara Stollberg-Rilinger, Das Heilige Römische Reich deutscher Nation. Vom Ende des Mittelalters bis 1806, München 2006.

Weitere Autorennennungen im Text beziehen sich auf:
Kap. I. 1.: Peter Claus Hartmann, Kurmainz, das Reichserzkanzleramt und das Reich am Ende des Mittelalters und im 16. und 17. Jahrhundert, Stuttgart 1998. *Kap. I. 3.:* Günther Lottes, Zwischen Herrschaftsvertrag und Verfassungsnotariat, in: Paul-Joachim Heinig (Hg.), Reich, Regionen und Europa in Mittelalter und Neuzeit, Berlin 2000; Helmut Neuhaus, Von Karl V. zu Ferdinand I. Herrschaftsübertragung im Heiligen Römischen Reich 1555–1558, in: Christine Roll (Hg.), Recht und Reich im Zeitalter der Reformation, Frankfurt am Main 1996, S. 417–440. *Kap. II. 1.:* Peter Moraw, Von offener Verfassung zu gestalteter Verdichtung. Das Reich im späten Mittelalter 1250–1490, Frankfurt am Main / Berlin 1985. *Kap. II. 2.:* Michael Giesecke, Der Buchdruck in der Frühen Neuzeit. Eine historische Fallstudie über die Durchsetzung neuer Informations- und Kommunikationstechnologien, Frankfurt am Main 1991. *Kap. II. 3.:* Rainer Wohlfeil, Reformatorische Öffentlichkeit. Literatur und Laienbildung im Spätmittelalter und in der Reformationszeit, in: Ludger Grenzmann / Karl Stackmann (Hg.), Literatur und Laienbildung im Spätmittelalter und in der Reformation, Stuttgart 1984, S. 41–54. *Kap. II. 4.:* Peter Blickle, Der Bauernkrieg. Die Revolution des Gemeinen Mannes, München 1998. *Kap. III. 3.:* Hansgeorg Molitor, Die untridentinische Reform. Anfänge katholischer Erneuerung in der Reichskirche, in: Walter Brandmüller / u. a. (Hg.), Ecclesia Militans. Studien zur Konzilien- und Reformationsgeschichte, Bd. 1: Zur Konziliengeschichte, Paderborn 1988, S. 399–431. *Kap. V. 1.:* Joachim Bahlcke, Religion und Politik in Schlesien. Konfessionspolitische Strukturen unter österreichischer und preußischer Herrschaft (1650–1800), in: Blätter für deutsche Landesgeschichte 134 (1998) 33–57. *Kap. V. 3.:* Heinz Schilling, Konfessionalisierung und Formierung eines internationalen Systems während der frühen Neuzeit, in: Hans Guggisberg (Hg.), Die Reformation in Deutschland und Europa, Gütersloh 1993, S. 597–613. *Kap. V. 4.:* Günther Franz, Der Dreißigjährige Krieg und das deutsche Volk, 4. neubearb. Aufl., Stuttgart 1979. *Kap. VI. 2.:* Jutta Schumann, Die andere Sonne. Kaiserbild und Medienstrategien im Zeitalter Leopolds I., Berlin 2003. *Kap. VI. 3.:* Johannes Burkhardt, Verfassungsprofil und Leistungsbilanz des Immerwährenden Reichstags. Zur Evaluierung einer frühmodernen Institution, in: Heinz Duchhardt/Matthias Schnettger (Hg.), Reichsständische Libertät und habsburgisches Kaisertum, Mainz 1999, S. 151–183; Johann Joseph Pachner von Eggenstorff, Vollständige Sammlung aller von Anfang des noch fürwährenden Teutschen Reichs-Tags de Anno 1663 biß anhero abgefaßten Reichs=Schlüsse, hg. von Johannes Burkhardt und Karl Otmar Freiherr von Aretin, 4 Bde., Hildesheim 1996. *Kap. VI. 4.:* Gabriele Haug-Moritz, Corpus Evangelicorum und deutscher Dualismus, in: Volker Press (Hg.), Alternativen zur Reichsverfassung in der Frühen Neuzeit? München 1999, S. 507–534. *Kap. VIII. 1.:* Wolfgang Neugebauer, Die Hohenzollern, 2 Bde., Stuttgart 1996–2003; Johannes Burkhardt/Birger P. Priddat, Geschichte der Ökonomie, Frankfurt am Main 2000; Stefan Brakensiek, Akzeptanzorientierte

Herrschaft – Überlegungen zur politischen Kultur der Frühen Neuzeit, in: Helmut Neuhaus (Hg.), Die Frühe Neuzeit als Epoche (erscheint 2009). *Kap. VIII.*2.: Norbert Elias, Die höfische Gesellschaft, Neuwied u. a. 1969. *Kap. IX.*3.: Johannes Burkhardt, Abschied vom Religionskrieg. Der Siebenjährige Krieg und die päpstliche Diplomatie, Tübingen 1985; Manfred Schlenke, England und das Friderizianische Preußen, München 1963. *Kap. X.*3.: Wolfgang Burgdorf, Finis imperii – Das Alte Reich am Ende. Ein Ergebnis langfristiger Entwicklungen?, in: Stephan Wendehorst/Siegrid Westphal (Hg.), Lesebuch Altes Reich, München 2006, S. 13–20.

Personenregister

C.H.BECK ◼ WISSEN

in der Beck'schen Reihe

Zuletzt erschienen: